保育者のための統計学入門

浅井拓久也 編著
田中浩二 著

萌文書林
Houbunshorin

はじめに

本書は、園の経営者や運営者である理事長や園長、あるいは保育や教育を分析的、客観的に考えてみたい保育者を対象とした統計学の入門書です。統計学に基づく分析方法を活用することで、より効率的、より効果的に保育の質向上や園運営ができるようになります。

本書には３つの特長があります。

１つめは、記述統計、推測統計、多変量解析のいずれも、数式をいっさい使わないで説明してあります。統計学というと難しい数式をイメージする人も多いのですが、本書では数式はいっさい使わないで、分析方法の特徴や使い方を説明しています。

２つめは、分析方法を使うことに重きをおいて説明してあります。その分析方法には、なぜそのような特徴があるのか、どのような理屈でそのような分析が可能になっているのかではなく、どうやって使うのか、どのような場面で使えるのかを中心にしてあります。筆者の研究論文から事例を引用し、クリスマス会や生活発表会に対する保護者の満足度調査のような、どの園でも使える事例を使って説明してあります。

３つめに、統計学を理解するための基本的な内容はすべて網羅してあります。しがたって、本書を読めば、統計学の基本は一通り学ぶことができます。説明に使っている事例は保育関係が中心ですが、保育関係者以外にとっても、本書は統計学の入門書として最適です。

本書を読む際は、まずは通読するとよいでしょう。そうすることで、記述統計、推測統計、多変量解析の全体像が把握できます。それから、もう一度読んでみると、各部分の理解がぐっと深まります。

本書を活用して、勘や経験だけではなく、客観的な分析結果に基づく保育や園運営を目指してください。それが、限られたリソースを最も効率的に効果的に活用することにつながるからです。

本書は、秋草学園短期大学令和３年度出版助成を受けて出版されました。ここにお礼申し上げます。

2023 年 2 月　　　　編著者・浅井拓久也

目次

第4部 言葉を数字で分析する方法を学ぼう

第 1 部

データの特徴をつかむ方法を学ぼう

第１章
４月！ 入園式
――データを集め分析する

統計や統計学と聞くと「難しい」や「分からない」といった苦手意識をもつことも少なからずあるのではないでしょうか。しかし、統計学を知ることで、私たちの日常生活や仕事が大きく変化します。ここでは、統計学とは何か、統計学で何ができるようになるのかについて紹介します。

（1）統計学とは

あなたは何に基づいて意思決定をしていますか？　これまでに培ったさまざまな経験からでしょうか、その時の気分でしょうか、それとも勘でしょうか、または何かの情報に基づいて決めるでしょうか。

仕事での場面も含め、日常生活の中では意思決定をしなければならない場面がたくさんあり、私たちは常に何かを決めながら生活しています。たとえば、お店で何を買うか、レストランで何を注文して食べるかなど、日頃の生活の些細な場面では、その時の気分や勘で決めても大きな問題はないかもしれません。しかし、意思決定の結果、つまり何かの目的のために決断や決定をして、その結果が自分自身あるいはほかの人に負担を求めなければならない場合や、悪い結果をもたらすかもしれない場合には、意思決定そのものを慎重に行う必要があります。

もちろん意思決定時にはさまざまなことを考え、最善の選択ができるよう頭を悩ませていることと思います。頭を悩ませることはとても大切なことですが、同時に何に基づいて意思決定をしたのかも重要になります。

現在、私たちのまわりにはたくさんの情報が溢れています。その点からすると、何かを参考にする材料や資料には事欠かない時代です。しかし、それらの情報にはどの程度の信頼性や客観性が確保されているでしょうか。意思決定において、特にその意思決定が重大であればあるほど、物事や状況を正確に把握することが不可欠です。事実、得られる情報の中には統計学が土台になっているものも数多くあります。統計学が用いられることで、ある程度、個人的な意見や見方の偏りが修正されるので、少なからず客観性をもたせることができ、また、そのように受けとめられやすくもなります。

ここでの「客観的であると」、「受けとめられやすくなる」というところが重要です。統計学をはじめ、科学的な手法を用いる際には客観性を重視しますし、客観性を確保するために科学的な手法を用いるともいえます。しかし、統計学も使い方を誤ると、その客観性はたちまちに崩れてしまいます。同時に、間違った使い方があるということは、統計学を用いて意図的に嘘をつくことも可能だということです。世の中にある統計学を土台にした情報のすべてが間違いや嘘というわけではありませんが、間違いや嘘を見抜く、判断する力もこの情報化社会の中では必要な力なのかもしれません。

いずれにしても、統計学の知識や技術を身につけることは、正しい情報に基づいた意思決定に役立つだけでなく、他者の理解や協力を得る上でも大切な力になるといえます。

統計学の種類

統計学とは、調査などによって得られた情報を整理・集約したり、集計・分析することによって、個々の情報からでは得られない集団の特性を把握することを目的とした学問であり、手法です。

一言で統計学といっても、その目的や方法によっていくつかに区別分類できますが､大きくは「記述統計学」と「推測統計学」の２つに分けられます。

●記述統計学

記述統計学は、調査などで得られた情報、いわゆるデータを記述することを目的とした統計学です｡実際に何かを知ろうとして調査を行ったとしても、集められた調査票や情報を並べたり、眺めたりするだけでは何もわかりません。多くの場合、調査を行うときには、まずは複数の質問を紙に記した調査票を作り、それを調査の対象者に配布します。その後、調査票を回収しますが、調査によって集まるのは質問と回答が記された大量の調査票だけです。保育所などで調査を行うと数十から百枚程度の調査票が集まるでしょうし、もっとたくさんの人の情報を知りたいと思えば、対象者を広げて数百数千の

調査票が集まることになります。一つひとつの調査票に何が書かれているかを読むことで、一人ひとりが何を考え、何を思っているのかはもちろんわかりますし、それを知ることももちろん大切です。しかし、調査を行うということは、個人の情報を知ることだけを目的にしているわけではありません。調査の対象となる集団の中で、どのような意見がどの程度あるのか、また集団としてどのような傾向があるのかなどを知ることが調査を行う大きな目的でもあるのです。そこでは集められた情報を整理し、集団の特徴や傾向を記述したり、要約することが求められます。このように、調べたい集団に対して調査を行い、調査によって集められた情報を整理し、集団の特性や傾向を記述するために用いられる手法を「記述統計学」と呼びます。

具体的には、次のようなことを行います。

・運動会で行う競技を検討するための資料を得るために、保育所の全園児に体力測定を行い、傾向を把握する。
・子どもたちに喜んで食べてもらえるような給食の献立を考えるために、子どものたちの好きな食べ物や献立を一人ひとりに聞いてその結果を集約したい。
・楽しい遠足にするための行き先を検討するために、保護者に対して遠足の行先や意向に関する調査をし、日頃よく行く場所や遠足でどのようなことをしたいかなどの傾向を整理・集約したい。

このような調査を行うときに大切なことがあります。それは、調べようとする対象、前述の例でいえば、子どもや保護者のすべてに対して調査を行わなければ、子どもたちの傾向や特性、保護者の意見や傾向とはいえないという点です。つまり、200 人の保護者がいた場合、そのうちの 100 人にしか聞いていなかったとすれば、それは「保護者の意見」とはいえないのです。そのため、記述統計学では、基本的には調べたい対象者すべてに対して調査を行う「全数調査」（悉皆（しっかい）調査ともいいます）を基本としています。記述統計学は、得られた情報の特性や傾向を把握・表現するためにとても大切な考え方であり、手法でもありますが、全数調査を前提としていることが大きな欠点でもあります。その対象者が多ければ多いほど、その困難さは増していくのです。どのような集団を対象にするかにもよりますが、実際に市町村や都道府県などを対象者の範囲にして全数調査を行うことは、個人の力だけではほぼ不可能です。ましてや日本全体に対して全数調査をすることはなおさら不可能なのです。

とはいえ、対象としたい集団すべてに調査をすることは難しいけれど、一部の標本（サンプル）を取ることである程度の大きさの集団の特性や傾向を知りたいという場合があります。このような場合に用いられる考え方や手法は「推測統計学」です。

●推測統計学

全体から一部の標本を抜き出し、抜き出した標本から全体の姿や特性・傾向を推測するための考え方や手法を「推測統計学」と呼びます。今日用いられている統計学の多くが推測統計学であり、このことからも、先の記述統計学の難しさを表しているとともに、推測統計学の利便性の高さをうかがい知ることができます。このような背景からも推測統計学の技術は日進月歩であり、本書で紹介する基本的な仮説検定や推定の手法以外にも、新たな手法が日々開発されています。

推測統計学は記述統計学とは異なり、全数調査を基礎としないことからも利便性が高いことは先ほど触れたとおりですが、それゆえの課題もあります。一つは、推測統計学では結果が間違っている可能性を常にはらんでいるという点です。記述統計学では全数を調査して、その結果を記述します。そして、そこで得られる結果がすべてなので、それ以上に何かを付け加えることはありません。対して、推測統計学では推測を行う際に確率論を活用します。確率論では、計算上で算出される確率が0％や100％になることは特殊な例を除いてはほとんどないのです。つまり、「絶対」という考え方は存在せず、どんなに稀な出来事であったとしても起きる確率が常に存在していることになるのです。そのため、推測統計学では、得られた情報やそこから導き出された結果が間違っている可能性があることを常に意識する必要があります。

二点目として、推測統計学が標本から全体を推測することは先に触れたとおりですが、その標本をどのように選定し抽出したのかが重要になります。つまり、標本が全体の様相を示すに足るだけの情報を持っているかが重要であり、万が一に標本そのものが十分な情報を持っていなかったとしたら、そこで得られる結果は意味のないものとなってしまうのです。そのために、推測統計学では慎重に標本を集める必要があります。

上記に紹介した記述統計学と推測統計学以外にも、扱う情報の性質や分析の手法、分析の目的などによって区分されています。以下に代表的なものをあげます。

●ベイズ統計学

記述統計学と推測統計学には大きな共通点があることにお気づきでしょうか。それは、大きさは異なるけれども、集団から得られた情報を元に、その情報を整理・集約したり、分析するという点です。記述統計学にしても推測統計学にしても、実際に行うと、調査から分析、結果を示すまでにはそれなりの時間を要します。扱う内容が日々変化しやすいものであれば、そこで得られた結果はすでに過去のものとなり、現在には通用しないものになっている可能性もあるのです。これは決して、数年、数十年という長い時間を想定しての話ではありません。現代社会では情報が溢れており、人の好みや興味・関心も非常に移ろいやすくなっています。加えて、情報化社会においては人の行動などもリアルタイムで情報として蓄積されています。その代表例がビッグデータです。たとえば、インターネットサイトでは、どのような情報にアクセスしたか、何を買ったかなどの情報を随時蓄積しながら、情報を更新しています。このように情報は常に変化・更新されることを前提に、確率を変化させていく手法を「ベイズ統計学」といいます。

ベイズ統計学の手法などの詳細についてはここでは省略しますが、人工知能（AI）の開発や迷惑メールのフィルタリング（仕分け）など、今日のICTインフラの開発・整備において多くの場面で活用されています。

●多変量解析

統計学に関わっていくと少なからず「多変量解析」という用語が登場します。アンケートに代表されるような調査を行うとき、質問が１つだけということはほとんどありません。回答者がどのような人物であるのかを把握するために性別や年齢、職業などの基本情報を質問したり、調査の目的に沿った質問も複数設定することになります。このとき、調査で設定した一つひとつの質問を「変数」と表現しますが、分析を行う際に１つの変数のみを扱うことを「単変量分析」といいます。最初は、１つの変数についての特性を把握したり、変数内での傾向を確認する作業を行っていくことが一般的ですが、分析を進めていくと２つ以上の変数を用いた分析が必要になることが多々あります。というのも、保育を含め、人間が関わる社会的事象では、複数の事柄が関与することが多いため、１つの要素だけで何かを説明することが現実的にも不可能だからです。このように複数の要素、いわゆる複数の変数を用いて分析を行うことを「多変量解析」といいます。

多変量解析は、その目的や方法などに応じて、重回帰分析やロジスティック回帰分析、因子分析、クラスター分析など数多くの手法が開発されています。

(2) ４つの尺度と変数

統計学では、情報を数字として処理していきますが、実際のところ数字にはたくさんの情報が含まれています。一般的には、「0」は無を意味していたり、「4」は「2」の２倍であったり、「10」は「100」の10分の1、などと理解されます。しかし、これは本当に正しいのでしょうか。実は、同じ数字でも、その数字にどのような意味をもたせるかによって、数字に含まれる情報量が異なるのです。数字と似た表現として「数値」という用語があります。

統計学で重要となる尺度の理解をするにあたり、「数字」と「数値」の違いについても区別しておきましょう。厳密には、国語的な解釈をするのか、数学的な解釈をするのかによっても定義や理解の仕方が異なりますが、ここでは統計として扱う場合の区別として見ていきます。「数字」は「1、2、3、4、

5……」のように表現されますが､「数字」の「字」という文字が示すとおり、あくまでも数（かず）を表す文字として扱われ、記号などと同様の性質になります。したがって、数字を足したり、引いたりという作業を行うことはできません。一方、「数値」も数字で表現しますが、「数値」は「数字」に大きさや量といった情報を含ませたものといえます。多くの場合には､センチメートルや個などの単位を加えて、その大きさや量を具体的に表現することができます。加えて、「数値」では足したり、引いたりといった四則演算を用いることもできます。

計算や統計処理を行う場合、その数字は「数字」なのか、または「数値」なのか、さらにはその「数値」がどのような基準によって得られた「数値」なのかによって、数字のもつ意味や情報量が変化し、その情報量によって扱い方も異なります。統計を用いて、物事を客観的に評価するためには、数字を正しく扱うことが大切ですし、数字の扱い方を間違えてしまうと情報そのものが誤ったものになってしまいかねません。

数字にどのような情報をもたせるかを決める概念として「尺度」があります。集計や統計処理を行うにあたり、ここで登場する「尺度」という考え方とその特性を把握することがとても重要になります。

さて、尺度を理解するにあたり、尺度が用いられる状況や前提について考えてみましょう。そもそも､尺度はどのような場面で登場するのでしょうか。それは、調査などで実施される質問やアンケートなどによって得られた回答ということになります。質問やアンケートなどでは、性別や年齢といった回答者の属性を質問したり、調査の目的となる質問を行います。その質問においても､実態や状況を聞いたり､「はい―いいえ」や「思う―思わない」といった何かについての意識を聞いたりなどさまざまです。質問やアンケートなどを行うことができれば､その結果として多くの情報が集まります。たとえば、100 人にアンケートを行い、回答者の性別を質問したのであれば 100 人分の性別が、年齢を聞いたのであれば 100 人分の年齢が集まります。何かについての意識の回答の選択肢として、「①思わない ②あまり思わない ③まあまあ思う ④思う」の中から一つ選んでもらうようにすれば 100 人分の意識の回答が得られます。1 人分の回答を見れば、その回答者の様子は把握できます。しかし、100 人分のアンケート用紙だけでは、100 人全体の傾向はわかりません。全体の傾向を把握するためには、集計したり、分析する必要があるのです。

集計したり、分析する過程では、年齢や経験年数などのように、もともと数値として得られる情報以外にも、性別や「はい—いいえ」などの情報もすべて数値に置き換える必要があります。そのとき、その数値がどのような基準によって得られたのかによって後の扱い方が異なってくるのです。この「どのような基準によって得られたのか」がいわゆる尺度の質を決定する基準になります。

尺度とは「ものさし」を意味し、対象の状態を把握する際の評価基準としての意味合いをもちます。具体的には、身長がどの程度であるかを評価する際には「センチメートル（cm）」、テストの点数であれば「点」、出席番号であれば「番」という尺度が用いられます。また、感想や意識などであれば、「思わない—あまり思わない—まあまあ思う—思う」といった評価基準としての尺度が用いられます。

尺度を用いて測定した結果は、数値として表すことが一般的ですが、その際にどのような尺度を使って得られた数値なのか、また、どのような評価基

準で測定したのかによって、数値のもつ意味や情報量が変化するのです。

実際に統計で用いる尺度は、その性質によって、名義尺度、順序尺度、間隔尺度、比率尺度（または比例尺度、比尺度ともいう）の４つに分類されます。

名義尺度

名義尺度は、対象を識別したり区別・分類するために用いられる尺度です。たとえば、出席番号や登録番号のように、便宜的に数字を割り当てるなどして対象を区分したり、分類するために用います。また名義尺度は、色や性別、地域などの名称である名詞や固有名詞を区別するためにも用いられます。その際には、「男性＝1、女性＝2」や「ゆり組＝1、うめ組＝2、すみれ組＝3」といったように、それぞれの名称に数字を任意に割り当てるダミー変数という手法を用います。あくまでも、名称に対して任意の数字を割り当てるだけなので、「男性＝1、女性＝2」でもよいですし、「女性＝1、男性＝2」でもかまいません。

名義尺度の大きな特徴としては、数字のもつ情報が数字に紐づけられた名称でしかないという点です。したがって、「男性＝1、女性＝2」とした場合、「1」は「男性」、「2」は「女性」という情報はもつものの、私たちが日常生活で認識している「1の次は2」や「2は1の２倍」といったような数字のもつ大きさや順序といった概念や数学的な意味はもたず、単に「1」は「男性」という情報でしかないのです。そのため、平均値を計算することにも意味をもちません。

順序尺度

順序尺度は、数字に順序、つまり数字に大小の概念をもたせた尺度です。「思う―まあまあ思う―あまり思わない―思わない」「とても満足―やや満足―どちらでもない―やや不満足―とても不満足」など、回答者の意識を聞く場合などに多く用いられます。順序尺度でも多くの場合では、「1.思う―2.まあまあ思う―3.あまり思わない―4.思わない」のように、それぞれの選択肢に対して数字を割り当てるダミー変数を適用させます。その結果、割り当てられた数字が、順序の意味をもつ数値になります。ただし、順序尺度では数値に順序はあるが、数値間の間隔は必ずしも等間隔ではないという点に注意する必要があります。「1. 思う―2. まあまあ思う―3. あまり思わない―4. 思わない」を例にあげると、「1. 思う」と「2. まあまあ思う」との間と、「2. まあまあ思う」と「3. あまり思わない」との間は等間隔とはいえないのです。正確には、「等間隔とはいえない」というより、むしろ「間隔は不明」なのです。このように、間隔が不明であったり、感覚が等しいとはいえないものはたくさんあります。先にあげた意識の程度や満足度のほかにも、いわゆる順位やランキング、成績なども数値間の間隔は不明であり、等間隔とはいえないのです。かけっこの順位では１位から２位、３位……と続いていきますが、１位と２位の差と、２位と３位の差は必ずしも等間隔とはいえないので順序尺度になります。

数値に順序はあるが、その間隔が等しくない順序尺度では、厳密には数値を足し算したり、引き算したりすることに意味はありませんし、平均値を計算することにも意味がありません。

間隔尺度

間隔尺度は、数値の大小関係に加え、その間隔が等間隔である尺度です。しかし、間隔尺度では、「0」が相対的な意味しかもちません。相対的な意味の「0」とは、０という値が「無」を意味するのではなく、あくまでもほかの値との比較における相対的な位置としての「0」です。間隔尺度は、温度や気温、西暦などが該当します。温度を例にすると、温度の数値、いわゆる10℃（度）、20℃、30℃……100℃は大小関係、つまり温度の高い・低いがあるとともに、その間隔も等しくなります。しかし、温度における０℃は水が凍る温度として人間が任意に設定した基準であり、温度が無い、つまり「無」を意味するものではありません。

間隔尺度では、「10℃の水が20℃になった」ときには、「温度が２倍になった」と解釈できるように、足し算や引き算、掛け算などが可能であり、平均値なども求めることにも意味があります。

比率尺度

比率尺度は、比例尺度または比尺度ともいい、数値の大小関係と数値間の等間隔に加え、「0」は「無」であるという絶対的な「0」の意味をもちます。比率尺度は日常生活の中にもたくさんあり、これまでの尺度の中で私たちが数値として理解しているものの多くがこれに該当します。具体的には、身長や体重などの長さや重さ、個数などです。

比率尺度は、平均値をはじめ、加減乗除など一般的に数字で扱うさまざまな計算を行うことが可能であり、多くの統計学的分析も行うことができます。

(3) 質問紙（調査票）の作成

データを得るためには、聞き取り調査や質問を記した調査票（質問紙ともいいます）やインターネットなどを用いたアンケート調査を行うことが一般的です。保育の場面においては、健康診断や身体測定など測定という方法でもデータが集まります。ここでは、アンケート調査として質問を作成する方法について見ていきます。

質問の作成

アンケート調査を行うにあたり、適切な質問を設定することがとても重要です。ここでの「適切な」にはいくつかの意味があります。一つは、「質問者が聞きたいことを本当に聞けているか」ということです。もう一つは、「回答者が適切に回答できるか」ということです。前者を「質問の妥当性」といいます。つまり、その質問の仕方が妥当なのかということです。質問者が聞きたいことと回答者の質問に対する理解が一致することが大切です。後者も妥当性に関係することですが、「質問の適切性」といえます。回答者が質問文を読んで回答するときには、さまざまな影響を受けます。そのため、回答者が一つひとつの質問そのものに対して適切に回答できるように配慮する必要があります。

以下では、質問を作成する際に留意したい内容について解説します。

●ステレオタイプの質問を避ける

ステレオタイプとは、多くの人がもっている固定概念や思い込み、ものの見方、決まり文句のことです。これは見方を変えると色眼鏡や偏見ともいえます。質問文に偏った見方や表現があると、回答者の回答を誘導することにつながります。質問をする際には可能な限り中立的なもの見方や表現になるよう心がけることが大切です。

●専門用語・流行語を避ける

質問文を作成する際には、どのような人が回答者になるかを考慮する必要があります。基本的には誰もが理解できる言葉を用いて質問文を作成することが大切であり、とくに、一般の人や不特定多数の人が回答者になる場合にはより注意が必要です。

●ダブルバーレル質問を避ける

「子どもは遊ぶことや勉強することが大切だと思いますか」と質問されたとき、どのように考えますか。「遊ぶことも勉強することも大切だ」と考えているのであれば、回答は「はい」になるでしょう。しかし、「遊ぶことは大切だけれども、勉強は大切ではない」あるいは「勉強は大切だけれども、遊ぶことは大切ではない」と考えていた場合には回答を迷ってしまいます。もしかしたら、一部分は該当しているから「はい」と回答するかもしれないし、すべてに合致しないから「いいえ」と回答してしまうかもしれません。つまり、回答者の理解や判断によって回答が分かれてしまいます。このような状態になると正しい結果を得ることができなくなります。上記の質問のように、１つの質問文に２つ以上の要素が含まれている質問を「ダブルバーレル質問」といい、不適切な質問形式に該当します。このような場合には、「子どもは遊ぶことが大切だと思いますか」と「子どもは勉強することが大切だと思いますか」のように、２つの質問に分離すれば解決します。

●キャリーオーバー効果に注意する

アンケート調査を行う際、質問が１つだけということはほとんどあり得ないでしょう。実際には調査の目的や趣旨にのっとり複数の質問を設定します。その際、質問１で「あなたは、子どもは遊びからたくさんのことを学ぶことを知っていますか」と質問し、続いて質問２で「子どもにとって遊びは大切だと思いますか」としたとき、質問１に誘導されて質問２で「思う」に回答しやすくなります。このように前の質問が後ろの回答傾向を誘導したり、影響を与えてしまうことを「キャリーオーバー効果」といいます。

キャリーオーバー効果を解消するためには、関連する質問を離したり、質問同士の影響が排除できるように、間に緩衝質問を挟むなどの対応が考えられます。しかし、質問同士を離してしまうと質問のまとまりが失われ、逆に回答しづらくなることも想定されます。そのため、質問文そのものを見直すなどして、関連する質問が続いても影響を受けづらい質問文にするなどの工夫が必要になります。

●回答方法について

質問を作成するときに、回答方法をどのように設定するかは重要な問題です。回答方法としては、年齢などの数値を記入してもらう、選択肢を設定して該当する選択肢を選んでもらう、文字を記入してもらう、などがあります。

年齢や子どもの人数などのように、情報がそもそも数値である場合には、数値を記入してもらうことも一つの方法です。反面、年齢や体重など、回答者のプライバシーに関することやデリケートな内容については、直接的に質問すると回答してもらえない状況が起きやすくなります。その際には、「10歳代、20歳代、30歳代、40歳代、50歳代以上」のように、年齢区分を設定して選択するようにすると回答率が上がります。

回答について選択肢を設定する場合には、選択肢の幅にも留意しましょう。「1. 思わない―2. 思う」のように２択にするのか、「1. 思わない―2. あまり思わない―3. まあまあ思う―4. とても思う」のように４択にするのか、それとも「1. 思わない―2. あまり思わない ―3. どちらでもない―4. まあまあ思う―5. とても思う」のように中間尺度（中立的尺度ともいう）である「どちらでもない」を加えた５択にするのか、によって回答傾向が変わるとともに、集計や分析にも影響を及ぼします。回答の幅や中間尺度の有無についての明確な基準や目安はありませんが、質問の内容や予測される回答傾向、回答のしやすさ、どのような分析を行いたいかによって最も適切な選択肢を設定しましょう。

●質問の量とレイアウト

同じ内容の調査を同じ対象者に対して何度も行うことは現実的に不可能ですし、質問で聞いた以外のことはわかりませんので、聞き漏らしたことがあると取り返しがつきません。ある意味で調査は一発勝負です。本来、調査を行うときには調査の目的や趣旨に沿って調査内容や質問を設定しますが、いざ調査を行おうとすると、聞き漏らしを回避しようとしたり、目的や趣旨意外にもさまざまなことを知ろうとしてつい質問が多くなってしまいます。

一方、回答者は質問の量が多くなってしまうと、回答することに疲れたり、飽きたりして、いい加減な回答になってしまうことがあります。このような状態を避けるためにも、質問の量には十分に配慮したいものです。

また、アンケート調査を質問紙で行うときにはレイアウトも重要です。文字の大きさや質問文の配置、枚数など、可能な限り回答者の負担を軽減するような配慮を行うことが有益な回答を得ることにもつながります。

(4) データ収集・分析ソフト

統計分析を行うためには、これまでに解説したことなどに留意しながら質問を作成し、その質問を対象者に投げかけ、回答を回収します。その後、質問紙などに記入された内容を集計・分析するためにExcel（エクセル、Microsoft社）などの表計算ソフトで整理します。ここでは、集計・分析の手続きやそこで用いる分析ソフト（アプリケーション）について紹介します。

▶データの収集

アンケート調査を実施するとき、質問を記したアンケート用紙、いわゆる質問紙を作成し、その質問紙を対象者に配布・回収するといった方法が一般的です。

●郵送調査

調査票を調査対象者に郵便などで送付し、対象者が回答したものを返送してもらう方法です。一般的には回収率が低くなる傾向があるため、調査票を送付する前や後に、調査票を送った旨の連絡をするなど回収率を上げる工夫が必要になります。

●留置（とめおき）調査

一般的には訪問するなどして個別に調査票を配布し、後日回収する方法です。対象者が調査票を持ち帰るので、時間を拘束することなく回答の負担感を軽減することができます。個別に調査の説明や回収をするため、郵送調査よりも回収率が高くなります。

●集合調査

対象者に一か所に集まってもらい、調査票を配布・回収する方法です。その場で記入・回答してもらうため比較的に回収率は高くなります。一方で、対象者を一定時間拘束するようになったり、集まってもらうなどの手間をかけるため、不特定多数を対象にする場合には難しさが伴います。

●インターネット調査

近年では、インターネットを活用した調査も広く行われるようになっています。インターネットを用いて調査することの最大のメリットは、調査票を印刷したり、配布・回収したりする労力を大幅に軽減できることです。また、インターネットで調査を行うと、あとの作業で必要となるデータセットを作る手間を省くことができ、この点についても大きなメリットとなります。一方、インターネット調査は、対象者がインターネットを使うことのできる環境を有していることが前提になるため、事前に確認することが必要です。

データの整理（データセットの作成）

調査などにより集められた情報は、今後の集計や分析を行うために整理する必要があります。整理の仕方はさまざまありますが、後の集計・分析をスムーズに行うためには、パソコンなどの情報機器を用いる方が便利です。加えて、汎用性の高いソフト（アプリケーション）、たとえばマイクロソフト社（Microsoft）のエクセル（Excel）など表計算ソフトを活用することをお勧めします。

さて、表計算ソフトを用いて集計・分析を行うための準備段階として、得られたデータを整理したデータセットを作成します（図表1-1）

空欄や間違い、不適切な数字のない完全なデータセットを作成することが、後の作業を効率良くします。作成するにあたっての留意点として、次のようなことがあげられます。

●コーディング

文章を記述したことによって得られた情報などの例外を除き、データセットは原則としてすべて数値に置き換える必要があります。したがって、調査票によって得られた情報を数値に変えるためのコーディングという作業を行います。同様に、性別や地名などの名詞・固有名詞を数字に置き換えるダミー変数化も行います。

◉図表 1-1　データセットのイメージ

fx 8

2	18	19	20	21	22	23	24	25	26	27	28	29	30	31	32	33	34	35	36	37	38	39	40	41
番号	Ⅱ あなた自身の行動や意識について																							
ID	Q1	Q2	Q3	Q4	Q5	Q6	Q7	Q8	Q9	Q10	Q11	Q12	Q13	Q14	Q15	Q16	Q17	Q18	Q19	Q20	Q21	Q22	Q23	Q24
101	4	4	3	4	4	4	3	4	3	4	8	8	8	8	8	8	8	8	8	8	3	10	9	8
102	2	2	2	2	2	2	2	2	2	2	8	8	8	8	8	8	8	8	8	8	1	4	8	9
103	2	2	2	2	2	2	2	2	2	2	8	8	8	8	8	8	8	8	8	8	1	6	10	7
104	2	2	2	2	2	2	2	2	2	2	8	8	8	8	8	8	8	8	8	8	10	4	7	9
105	3	4	3	4	4	3	3	3	3	3	8	8	8	8	8	8	8	8	8	8	1	10	8	3
106	3	4	4	4	4	3	3	3	2	4	8	8	8	8	8	8	8	8	8	8	1	7	9	10
107	3	3	3	3	4	3	4	3	4	4	8	8	8	8	8	8	8	8	8	8	5	8	9	7
108	3	4	3	4	4	3	2	3	3	4	8	8	8	8	8	8	8	8	8	8	1	7	2	9
109	3	4	3	2	3	3	3	4	4	4	8	8	8	8	8	8	8	8	8	8	1	3	8	9
110	4	4	3	4	3	3	3	4	2	3	8	8	8	8	8	8	8	8	8	8	1	7	10	9
111	4	4	3	4	4	3	4	4	4	3	3	3	3	3	3	3	3	3	3	3	2	6	10	5
112	2	2	2	2	2	2	2	2	2	2	8	8	8	8	8	8	8	8	8	8	2	3	10	5
113	1	2	1	1	2	1	1	2	1	3	8	8	8	8	8	8	8	8	8	8	1	7	4	9
114	4	4	3	4	4	4	3	4	3	4	8	8	8	8	8	8	8	8	8	8	3	10	9	8
115	2	2	2	2	2	2	2	2	2	2	8	8	8	8	8	8	8	8	8	8	1	4	8	9
116	2	2	2	2	2	2	2	2	2	2	8	8	8	8	8	8	8	8	8	8	1	6	10	7
117	2	2	2	2	2	2	2	2	2	2	8	8	8	8	8	8	8	8	8	8	10	4	7	9
118	3	4	3	4	4	3	3	3	3	3	8	8	8	8	8	8	8	8	8	8	1	10	8	3
119	3	4	4	4	4	3	3	3	2	4	8	8	8	8	8	8	8	8	8	8	1	7	9	10
120	3	3	3	3	4	3	4	3	4	4	8	8	8	8	8	8	8	8	8	8	5	8	9	7
121	3	4	3	4	4	3	2	3	3	4	8	8	8	8	8	8	8	8	8	8	1	7	2	9
122	3	4	3	2	3	3	3	4	4	4	8	8	8	8	8	8	8	8	8	8	1	3	8	9
123	4	4	3	4	3	3	3	4	2	3	8	8	8	8	8	8	8	8	8	8	1	7	10	9
124	4	4	3	4	4	3	4	4	4	3	3	3	3	3	3	3	3	3	3	3	2	6	10	5

●ID の設定

個々の回答者を識別するための識別番号（ID）を設定しておくと、万が一に入力ミスがあった場合など、調査票と突合させるときに役立ちます。多くの場合では、調査票を回収した段階で調査票に ID を記入し、データセットに ID を含めて情報を入力していきます。調査を行うとき、個人情報を保護することも重要です。個人情報保護の観点からもデータセットに氏名などの個人情報をそのまま入力することは避ける方が賢明であり、そのためにも ID は個々の情報を管理する上で有効です。

●変数の構造化

調査では、質問 1、質問 2、質問 3……のように、一つの調査で複数の質問を行います。集計・分析を行うとき、一つひとつの質問のことを「変数」と呼びます。一つの質問の中で、それぞれの回答者の回答、つまり値が変化するので「変数」と理解するとわかりやすいかもしれません。

データセットを作成するためには、調査票で得られた回答を数値化していきますが、その際、統一したルールをあらかじめ設定しておく必要があります。調査票で得られた情報が年齢や経験年数などのように、得られる情報そのものが数値であれば大きな問題はありません。しかし、名義尺度をダミー変数化する際にも、「男性＝1, 女性＝2」とするのか、「男性＝0, 女性＝1」するのかを決めます。また、回答者が質問に回答していない場合の未回答にどの数値を割り当てるのか、また、複数回答の場合や質問が枝分かれする場合など、変数に数値を割り当てる際のルールを事前に設定しておきます。

●入力ミスの確認

調査票から表計算ソフトに情報を転記するのは人間の作業になります。人間が作業を行うと打ち間違いなどのミスをすることがあります。データセットでは調査票に記入された情報が正確に反映されていることが大切になるので、入力ミスなどがないかを最終的に確認する必要があります。

データセットの作成は、後の集計・分析を行うための準備段階となりますが、今後、どのようなソフトを用いるかによって求められるデータセットの形が異なります。たとえば、表計算ソフトのセル（一つひとつの枠のこと）に空欄がないようにすることや、１つの変数内での数値の桁数を揃えなければならないなど、条件がそれぞれありますので、この点についてもあらかじめ把握しておくことが大切です。

データ分析ソフトウェア

近年、統計学的分析を行う際にはパソコンを用いることがほとんどです。もちろん電卓や関数電卓などで分析を行うことも不可能ではありませんが、そのためには多くの知識と技術が必要になります。その点において、パソコンの普及・進化は統計処理や統計学的分析の利便性を飛躍的に向上させたといえます。

パソコンを用いて統計学的分析を行うためには、いわゆる統計分析ソフトウェア（統計分析パッケージともいいます）を使用します。代表的なものとしては、先のデータセットでも用いたマイクロソフト社（Microsoft）のエクセル（Excel）です。エクセルでは、多彩な関数が用意されており、基礎的な分析では十分に活用できます。また、エクセルは作図・作表で優れた柔軟性を発揮するため非常に有用なソフトといえます。

ほかにも統計学的分析に特化したソフトウェアも開発されています。有名なものとしては、IBM 社の SPSS（エス・ピー・エスエス）や SAS Institute 社の SAS、JMP、Stata などがあります。多くのソフトウェアでクリック操作など簡単な作業で複雑な分析を行うことが可能です。反面、価格が数万円から数十万円と幅広く、非常に高価なものまであるので、使用目的や使用頻度に応じて選択したほうがよいでしょう。

近年では、エクセルのアドイン（エクセルに付加的機能を上乗せすること）として開発されている「R」は無料で使用することもできます。

（5）事例：データを集める、分析することの大切さ

ここでは、入園式を例に、データを集める、分析することの大切さについて紹介します。

みなさんの園では、どのように入園式を行っているでしょうか。具体的には、何歳の入園児が何人いて、それぞれの入園児の様子はどうなのか。たとえば、性別や保護者と離れた場所で参加しても平気なのか。また、保護者は何人参加するのか、在園児も何歳児が何人参加するのかなどです。そのほかにも、入園式は４月になると思いますが、何日がよいのか、あるいは何曜日に実施するのが最善の選択なのか。最も良い形で入園式をするためには数多くの要素を視野に入れて検討する必要があります。もちろん、これまでの慣例に習って、曜日に関係なく４月１日とすることも一つの選択ですし、４月の最初の土曜日に設定することも一つの選択です。

何を正解にするか、何を大切にするかは、入園式を実施する園の考え方一つともいえます。ここで気に留めたいこととして、大切にするものが何かによっては、調べなければわからないことがあるという点です。園の都合や慣

習で入園式を実施するのであればさほど難しいことはありません。なぜなら、園の事情だけを考えればよいからです。しかし、保護者の都合を考慮したり、満足度を高めることも大切だと考えたときには、保護者の都合やどのようにしたら満足度が上がるかを十分に吟味することが必要になります。保護者にとっていつが都合がよいのか、何人参加するのか、どのようにしたら満足度が高まるのかを推察することも大切ですし、過去の経験から「土曜日がよいだろう」や「入園児の両親が参加するだろう」「一人ひとりが紹介される方が嬉しい」「先生や在園児との触れ合いがあると安心する」と想像することも大切です。しかし、推測したり、推察したとしても必ずしもそれが正しいとは限りません。保護者にとって都合のよい日や何を望んでいるのかを知るためには、保護者から都合や意向を聞き取ってもよいですし、事前にアンケートをとってもよいでしょう。いずれにしても、最も簡単に正解に近づくためには、保護者に直接聞くことなのです。実際に直接聞くこと以上に、保護者の都合や意向の真実を知る方法はないでしょう。

それでは、保護者の希望や要望を把握するためには、どのような方法で情報を集め、分析したらよいかを考えてみましょう。

目的を決める

統計学を用いて集計・分析し、対象者の特性や傾向を把握するためには、調査を行うことが必須です。加えて、その調査や分析などで「何を知ろうとするのか」といった目的を決めなければなりません。

今回は、保護者にとって思い出に残る入園式を目指し、「保護者の都合のよい日時に入園式を設定し、何人の保護者が参加する予定であるかをあらかじめ把握し、どのような入園式を希望しているのかを把握する」ことを目的としました。

この目的に沿った意見を把握できるように、調査票を作成し、入園式の前に保護者に配布します。「入園式アンケート」として、図表1-2のような調査票を作成し配布しました。

回答を集計する

調査を行うことが保護者の意向を把握するための第一歩ですが、配布した調査票を回収しただけでは何もわかりません。回収した調査票の一つひとつを見ることで、誰がどのような希望や意見をもっているのかを把握することはできます。あとの項目でも触れますが、保護者全員の希望や要望に沿うことは現実的にも不可能です。さまざまな意見があるときには、何かの指標で判断し決定することが求められます。一つの指標としては最も多い意見を採用するという方法でしょう。そのためには、意見を整理し集約する作業をする必要があります。

そこで、「入園式に関するアンケート」の結果を図表1-3のように整理・集約しました。これにより、入園式に向けて保護者がどのような意向をもっているのかを検討する材料を整えることが可能になりました。

結果を分析し考察する

「入園式アンケート」を行ったことによって何ができるようになったでしょうか。

保護者などの参加予定人数を把握できたことによって、入園式会場での保護者用の座席の数や場所の配置を適切に準備することができます。また、子どもと一緒の方がよいかどうかを聞いたことで、子どもや保護者の不安の解消につながる手立てを考えることもできます。入園式の日程については、意見が分かれるため、必ずしもすべての保護者の希望に添えるとは限りませんが、少なくとも最も希望が多い日にちに設定することが可能であり、「なぜその日にちにしたのか」の説明を明確にすることが可能になります。

以上のことを想像や推察でだけ実施しようとした場合、入園式当日の柔軟で臨機応変な対応が必要になるのではないでしょうか。事前に、保護者の意向などを把握することによって、より適切に対応することができ、子どもや保護者、そして、園や保育者にとっても満足度の高い入園式になるのではないでしょうか。

●図表 1-2　入園式に関するアンケート

入園式に関するアンケート

○○保育園園長

４月の入園を控え、嬉しさや期待、また新たな生活に対する不安も抱きながらお過ごしのことと思います。私たち保育園職員一同は、お子さんや保護者の皆様が安心して保育園での生活を迎えることができるよう、また保育園生活の第一歩である入園式がかけがえのない日になるよう準備を進めています。

お忙しい折、誠に恐縮ですが、下記事項についてご回答くださいますようお願いいたします。

1. 入園園児氏名　＿＿＿＿＿＿＿＿

2. 入園式列席者予定人数　＿＿＿＿＿＿＿＿人

　氏名①＿＿＿＿＿＿＿＿

　氏名②＿＿＿＿＿＿＿＿

　氏名③＿＿＿＿＿＿＿＿

3. 入園式の希望日（ご都合の良い日にちすべてに○をしてください）

　４月　１日・２日・３日・４日・５日・６日・７日・８日・９日・10日

4. 入園児さんと一緒の席を希望しますか　する　・　しない

5. 入園式に際して、希望などがございましたらご記入ください。

●図表 1-3　入園式に関するアンケート結果

※入園予定人数 31 人に対して

Q2 参加予定人数

参加人数	件数
１人	８件（26%）
２人	19 件（61%）
３人	３件（10%）
４人	１件（3%）
合計参加予定人数　59 人	

Q3 希望日（複数回答）

日にち	件数
１日	６件
２日	９件
３日	23 件
４日	４件
５日	12 件
６日	14 件
７日	９件

Q4 一緒の席の希望

希望	件数
する	４件（13%）
しない	27 件（87%）

Q.5 希望・意見

・園の歌や入園式で歌う歌を知らないので歌詞を知りたいです。

・たくさんの人の中で過ごすことに慣れてないので、子どもがどのような反応になるかが不安です。

・入園式の最中に授乳やおむつ替えをしたいので、出入り口の近くの席だと助かります。

・特にありません。楽しみにしています。

Column

自分自身で統計学を扱うべきか？

このコラムのタイトルである「自分自身で統計学を扱うべきか？」という命題に対しての回答は、きっと「NO」です。

というのも、実際に統計学を用いて何かを調べたり、明らかにしようとしたとき、実に多くの知識や技術を必要とするからです。加えて、自身の目的に合わせて何かを明らかにしようとすると、単に統計学的な知識・技術以外にもデータ収集に関連する知識や技術も必要になります。知識や技術以外にもたくさんのデータを扱ったり、特殊な分析を行おうとすれば、労力や費用（たとえば、高額な統計パッケージの購入費用など）も増していきます。

これらの負担をものともせず、統計学を扱うために努力を積み重ねることはとても大切ですし、尊敬にも値します。しかしながら、すべての人が同じことをできるとは限りません。それでも、統計学を用いて何かを表現したい。このようなときには、ぜひ身近（大学や研究所など）にいる社会調査や統計学の専門家を頼りましょう。きっと力になってくれるはずです。

このときに大切なことは、調査や分析の方法、統計学のことについての知識を少しでももっていることです。そのことによって、調査や分析に主体的に参加・参画することにつながりますし、分析結果を自分自身で読み取り、解釈することもできます。調査・分析を依頼したとしても、丸投げして、何をしたのかもわからず、言われたことを鵜呑みにすることなく、方法や結果を自分自身の目で確認・判断し、解釈できることが大切です。

第２章

５月！ 健康診断──子どもの身長・体重を表す数字は３つある

統計学では、数字（数値）を用いて集団の特性や傾向を表現します。そのとき、さまざまな表現手法を用いることで、集団の真実の姿を把握することにつながります。ここでは、集団の姿を捉える手法について紹介します。。

（1）３つの代表値、標準偏差とは

代表値とは

個々の情報に目を向けて把握することは大切ですが、個々の集まりからなる集団の特性を簡潔に表現することができると便利です。そこで登場するのが「代表値」です。代表値にはいくつか種類がありますが、ここでは比較的使用頻度の高い「平均値」と「中央値」「最頻値」、および、代表値に加えて集団の特性を把握する際に不可欠となる「分散」や「標準偏差」について見ていきます。

●度数・パーセント

代表値の紹介をする前に、調査などで得られた情報を表現する際にしばしば登場する用語について触れておきます。

調査を行って、得られたデータの個数のことを「度数」といいます。たとえば、80人の性別を調査し、50人（件）が男性、30人（件）が女性だったとき、「男性の度数は50」、「女性の度数は30」と表現します。

度数に対して、パーセントはそれぞれの割合を指します。データ全体の個数（上記の性別の場合では80（人））に対しての割合なので、それぞれ男性は62.5%、女性は37.5%となります。

度数では何個のデータがあるのか、パーセントでは全体の個数に対する割合を把握できるため、調査などによって得られた情報を表などで示す際には、度数とパーセントを合わせて表示することが一般的です。

●平均値

代表値として最も知られているものは平均値でしょう。たとえば、「3歳児の平均身長は93cmです」といったように、平均値という概念を使うことで、3歳児の身長の目安を簡潔に捉えることができます。平均値の計算方法はよく知られているので省略しますが、個々を捉えると、身長の高い子もいれば低い子もいます。それを平均という手法を用いることで、集団の特性として示すことができるのです。

一方で、平均値には極端な値（「外れ値」といいます）に引っ張られやすいという特徴があり、これは欠点でもあります。先ほどの平均身長を例にあげると、平均身長なのでその集団の中には身長の高い子もいれば、低い子もいます。しかし、その集団の中に極端に身長の高い、あるいは低い子が含まれた場合、得られた平均値が歪められ、集団の特性を正確に示すことができなくなります。サンプル数が小さければその傾向はより顕著になります。したがって、平均値を求める場合には、データの散らばり具合、つまり極端な値が含まれていないかどうかを事前に把握しておくことが大切です。極端な値が含まれている場合には、そのサンプルを取り除くなどの処理を行うことも対策の一つとなります。

●中央値

中央値とは、データの値の大きさ順に並べた時の真ん中、つまり中央に位置する値を指します。もし、サンプルが偶数の場合には真ん中に位置する対象が２つになるので、その２つの値の平均値が中央値になります。

たとえば、11 人の身長を大きさ順に並べると、図表 2-1 のようになります。最も身長の低い A くんが 107cm、最も身長の高い K くんが 125cm です。その真ん中の F くんの身長は 115cm なので、中央値は 115（cm）になります。

参考までに、この 11 人の身長の平均値は 116.8cm です。データの中に、平均値に影響を与えるような特定の値、たとえば極端に大きい、あるいは小さい値がなければ平均値と中央値は比較的近い値を示します。平均値では、極端に大きい値、あるいは小さい値があると平均値がその値に引っ張られ、実態から離れてしまう特徴がありますが、中央値では大きさの順に並べた中央の値なので比較的実態を反映しやすいという特徴があります。一方で、中央値では極端に大きい値や小さい値の影響を受けづらい反面、それらの値を反映しない、つまりすべてのデータを考慮していないともいえます。

●図表 2-1　すみれ組（5 歳児）の身体測定の結果（身長順）

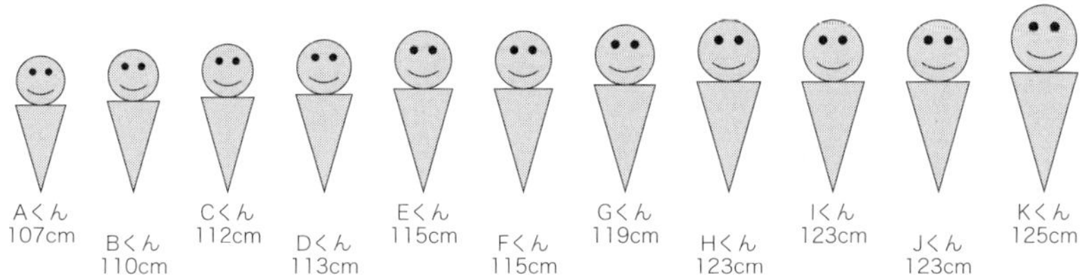

●最頻値

最頻値とは、データの中で最も頻度が高い値のことをいいます。図2-1の身長の例では、123cmが3人、115cmが2人、他がそれぞれ1人ずつです。したがって、最も頻度が高い値は3（人）を示した123cmであり、最頻値は123cmとなります。

最頻値は、最も頻度が高い値ということで、データ集団内での現実的な実態を表現しやすい代表値ともいえます。一方で、データ内に高い頻度を示す値が複数あったり、それぞれの値の頻度が比較的平たく散らばっている場合などでは、最頻値が複数確認されるなど、最頻値による特徴把握が困難になります。加えて、最頻値では、中央値と同様に、最頻値以外のデータは省略されるため、他のデータの情報が反映されないこともデメリットといえます。

●その他の代表値

平均値や中央値、最頻値以外にも、集団の特徴を把握するための指標がいくつかあります。

データの広がりを把握する代表値としての「範囲」があります。範囲は、データの最も小さい値（最小値）と最も大きい値（最大値）の幅を示します。たとえば、年齢について、集められたデータのうち、最小値が20（歳）、最大値が50（歳）の時、範囲は30（歳）になります。

範囲はデータの幅を示すものであり、収集したデータの広がり方を把握する目安となります。しかし、範囲はデータの幅という概念であり、どの部分にどの程度データが集まっているか、どのように広がっているかを把握することはできません。

図表2-2では、BよりAのデータの方が中央に向かってデータが集まっている（山が高くなっている）ことがわかります。データが集中する部分では、グラフで表示したときにはグラフの山が尖るように見えるため、この集まり方（尖り方）を示す代表値として「尖度（せんど）」があります。

さらに、図表2-3では、AのグラフよりBの方が左側に歪んでいることが見てとれます。このように、データが中央からどの程度歪んでいるかを示す指標として「歪度（わいど）」があります。

平均値や中央値、最頻値、そして範囲や尖度・歪度などを用いることで、集められたデータの一つひとつを見なくても、データの外観を把握することが可能になるのです。

◉図表 2-2　尖度（データの集まり）

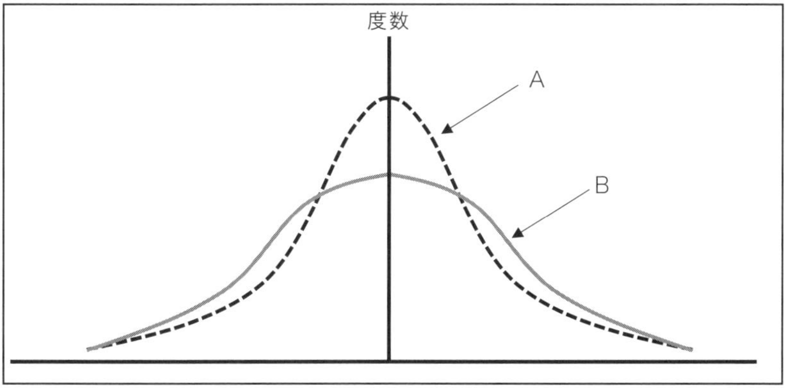

◉図表 2-3　歪度（データの歪み）

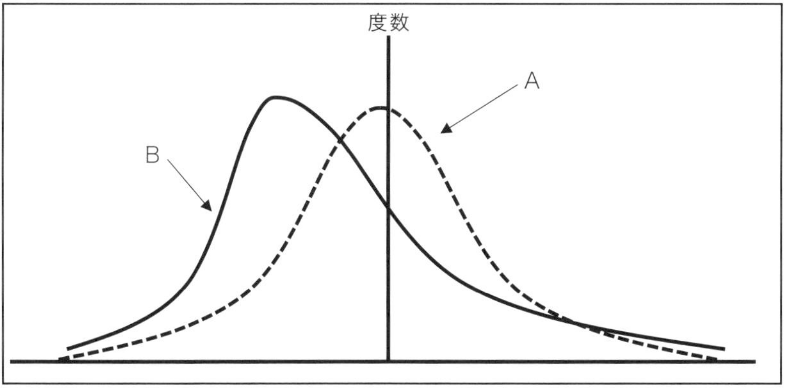

●分散・標準偏差

これまで、平均値や中央値などデータの外観を把握するための代表値について触れてきました。データの把握においては、データのバラつき示す指標となる「分散」、そして「標準偏差」が用いられます。データの「バラつき」とは、データがどの程度の幅で広がっているかを意味し、「散らばり」や「散布度」とも表現されます。データのバラつきについては、先の範囲や尖度などでもある程度は把握することはできますが、分散や標準偏差を用いると、集められたデータがどの程度のバラつきをもっているのかをより詳細に把握することが可能になります。

ここでは、具体的な計算方法は省略しますが、分散と標準偏差がどのような意味をもっているのかについて紹介します。

分散も標準偏差も、得られたデータの一つひとつが平均値からどの程度離れているかを基準に算出します。個々のデータが平均値から離れていれば分散も標準偏差も大きい数値になり、個々のデータが平均値に近ければ分散と標準偏差は小さくなります。極端な例ですが、得られたデータすべて同じ数値であれば、「得られた数値＝平均値」になりますし、「個々のデータと平均値の差＝０」になるため、分散と標準偏差は「0」になります。

分散と標準偏差の違いについては、これらを計算する過程で正の値（＋）と負の値（－）の区別をなくす作業が必要になるため、二乗計算を行います。これにより、数値に付く単位も二乗になる状況が生じるため、単位を元の単位に戻す作業を行ったものを標準偏差、元に戻す作業を行わない場合の値が分散となります。単位を意識しなくてもよい場合には分散を用いることも可能ですが、標準偏差を用いた方が感覚的に数値の大きさを理解しやすくなります。

また、分散と標準偏差は個々のデータが平均値からどの程度散らばっているかを示す指標ですが、その散らばりは平均値に対して正（プラス）でもあり負（マイナス）でもあることから、分散と標準偏差を表記するときは、「標準偏差 ± 3.8」といったように、値の前にプラスマイナス記号（±）を付すことが一般的です。

（2）事例：子どもの身体測定

実際に、子どもの身体測定を例に、代表値によって集められた情報の外観を把握する方法を紹介します。

５月XX日、年長クラス（すみれ組）20人の身体測定が行われ、その結果、次のような測定結果が得られました。

●図表 2-4　すみれ組（年長児）身体測定結果

番号	氏名	性別	身長 (cm)	体重 (kg)
1	A くん	男	102.0	17.0
2	B くん	男	114.0	24.0
3	C くん	男	113.0	19.0
4	D くん	男	125.0	28.0
5	E くん	男	109.0	18.0
6	F くん	男	119.0	22.0
7	G くん	男	104.0	19.0
8	H くん	男	114.0	21.0
9	I くん	男	116.0	23.0
10	J くん	男	114.0	18.0
11	K さん	女	103.0	17.0
12	L さん	女	125.0	19.0
13	M さん	女	114.0	16.0
14	N さん	女	103.0	17.0
15	O さん	女	114.0	21.0
16	P さん	女	111.0	19.0
17	Q さん	女	120.0	25.0
18	R さん	女	114.0	19.0
19	S さん	女	102.0	17.0
20	T さん	女	124.0	27.0

代表値でクラス全体の結果を把握する

すみれ組20人の一人ひとりの結果を確認・把握することはもちろん大切ですが、ここではクラスの子どもたち全体の状態を、代表値を用いながら把握していきましょう。

まず、すみれ組20人の身長と体重の平均値と中央値、最頻値、最小値、最大値、範囲を確認しましょう。

身長に関する代表値は図表2-5のとおり、平均値は113.0cm、中央値は114.0cm、最頻値は114cm、最小値は102cm、最大値は125cm、そして範囲は23.0cmでした。これらの代表値から、すみれ組の子どもたちの身長の概要としては、最も低い子どもの身長は102cm、最も高い子どもの身長は125cmであり、20人すべてが23.0cmの幅にあることがわかります。そして、113.0cmから114.0cmあたりが標準的な身長の目安として把握できます。

同様に、体重に関する代表値は、平均値は20.3kg、中央値は19.0kg、最頻値は19kg、最小値は16kg、最大値は28kg、範囲は12kgでした。このことから、すみれ組20人の体重の状況として、最も低い子どもの体重は16kg、最も高い子どもの体重は28kg、20人すべての子どもの体重の幅は

12kg だということが分かります。このクラスの子どもたちの目安となる体重は約 19.0kg から 20.3kg あたりだといえます。

●図表 2-5　すみれ組 20 人の身長・体重の結果（代表値）

代表値	身長	体重
平均値	113.0cm	20.3kg
中央値	114.0cm	19.0kg
最頻値	114.0cm	19.0kg
最小値	102.0cm	16.0kg
最大値	125.0cm	28.0kg
範囲	23.0cm	12.0kg

代表値で男女の違いを把握する

次に、男女別の身長および体重の傾向を、代表値を用いて把握していきましょう。

まず男児 10 人、女児 10 人の身長と体重の代表値を計算します。結果は図表 2-6 のとおりになります。

まず体重から見ていきましょう。体重の男女の比較では、平均値や中央値、最頻値ともに男児の方が高くなっています。加えて、範囲は男女ともに 11kg で同じ値になっていますが、最小値と最大値ともに男児の方が高い値を示していることから、すみれ組の傾向として女児よりも男児の体重が重いことが読み取れます。

そして、身長を男女で比較すると面白いことがわかります。図表 2-6 からわかるとおり、平均値や中央値などすべての代表値で男女ともに同じ値となりました。代表値だけを比較すると男児の集団と女児の集団とではまったく同じ特徴ということになります。しかし、一人一人の身体測定の結果（図表 2-4）では違いがあるように見えます。身長の例のように、個々の結果が異なっているにも関わらず代表値が同じになることがあります。このような場合も含め、データのバラつき方を確認することが大切になります。次の項でこの点について確認してみましょう。

●図表 2-6　身長と体重の男女の比較（代表値）

代表値	身長		体重	
	男児	女児	男児	女児
平均値	113.0cm	113.0cm	20.9kg	19.7kg
中央値	114.0cm	114.0cm	20.0kg	19.0kg
最頻値	114.0cm	114.0cm	19.0kg	17.0kg
最小値	102.0cm	102.0cm	17.0kg	16.0kg
最大値	125.0cm	125.0cm	28.0kg	27.0kg
範囲	23.0cm	23.0cm	11.0kg	11.0kg

標準偏差でデータのバラつきを確認する

すみれ組の身体測定の結果に分散と標準偏差を追加すると図表 2-7 になります。体重については、男児と女児でそれぞれ異なっていますが、身長においては平均値や中央値などの代表値は男児と女児で同じ結果でした。しかし、標準偏差については、男児は 6.75、女児は 8.45 となりました。標準偏差はデータのバラつき方を表す指標ですので、女児の方で男児よりもデータが広がっていることがわかります。

グラフにするとよりわかりやすいかもしれません。男児と女児の身長分布の比較を図表 2-8 にしました。左のグラフが男児、右のグラフが女児です。そして、横軸は身長（左が低く、右が高い）、縦軸がそれぞれの身長階級での度数となります。平均値（113.0cm）および中央値（114.0cm）は、およそグラフ中央です。

さて、男児と女児それぞれのグラフを比較したとき、男児はグラフの中央が高くなっているとともに、ほかのデータも中央寄りにデータが集まっています。一方で女児は標準偏差の値が示すように、最小値から最大値まで全体的にデータが散らばっていることがわかります。

身体測定の結果を男児と女児で比較したところ、体重ではそれぞれの代表値や標準偏差も異なっており、男女で違いがあることが確認できました。身長については、代表値は同じであるものの、データのバラつき方を示す標準偏差の値が違っていることから男児と女児での特徴は異なっていることが明

◉図表 2-7　身長と体重の男女の比較（代表値および標準偏差）

代表値	身長		体重	
	男児	女児	男児	女児
平均値	113.0cm	113.0cm	20.9kg	19.7kg
中央値	114.0cm	114.0cm	20.0kg	19.0kg
最頻値	114.0cm	114.0cm	19.0kg	17.0kg
最小値	102.0cm	102.0cm	17.0kg	16.0kg
最大値	125.0cm	125.0cm	28.0kg	27.0kg
範囲	23.0cm	23.0cm	11.0kg	11.0kg
標準偏差	± 6.75cm	± 8.45cm	± 3.41kg	± 3.65kg

◉図表 2-8　男児と女児の身長分布

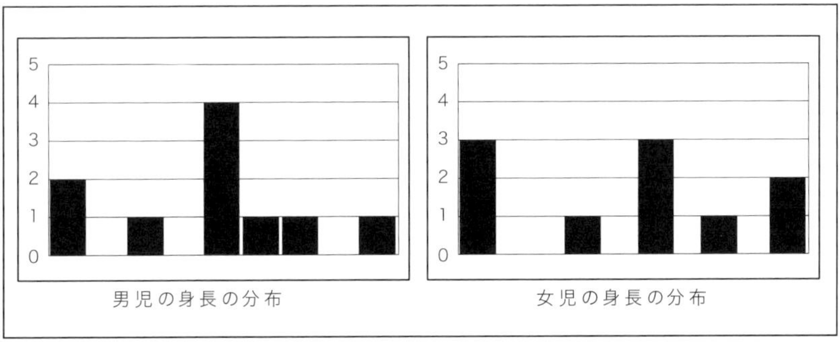

らかとなりました。それでは、これら結果からどのような解釈ができるのかを考えてみましょう。

身長については、代表値の結果から男児と女児それぞれの集団では大きな違いは見られません。しかし、標準偏差の値が男児よりも女児の方が高いことから、範囲の間ではあるが身長の低い子どもと高い子どもが広く分布しています。一方、男児では平均身長に近い子どもが多く、全体的に似通った身長の子どもが集まっているといえます。

体重については、代表値の結果から女児よりも男児の方がそれぞれ高い値を示していることから、女児に比べて男児の方で体重が重いといえます。また、標準偏差値の値でも女児の方が大きいことから、女児の方で個人差があ

ると解釈することができます。

　以上のように、代表値や標準偏差を用いることで、集団の特徴を簡潔に表現できるようになるとともに、個々の情報からだけでは把握することのできない特徴をも知るきっかけになります。

Column

小数は何桁まで表示する？

調査や統計分析を行うと、必ずといっていいほど少数が登場します。いわゆる「10.5」の時の「5」に相当する部分です。この少数は第何桁まで表示するのがよいかについての明確なルールは存在せず、その時々の状況によって変化してきます。

まず、一つ目の目安は、実態や慣習に即した桁数で表示するという考え方です。たとえば、毎月の身体測定で計測する身長であれば、「105.3cm」のように小数点以下第一位で測定・表示することが一般的でしょう。毎月のように測定・確認する身長について小数点以下を表示せずに「105cm」にすると、粗すぎて変化を把握しづらくなります。逆に「105.26cm」のようにしてしまうと、身体測定での誤差を吸収できなくなってしまうとともに、そこまで細かく把握する必要性も感じません。つまり、実用的な桁数で計算・表示することがまず大切です。

二つ目の目安になるのは、計算に使った値よりも1つ下の桁を表示するという考え方です。たとえば、「4」と「7」と「9」の平均値を求めると「6.6666・・・」になります。この時、小数点以下第二位を四捨五入して平均値を「6.7」として表示します。小数点以下第一位を四捨五入して「7」にしたり、小数点以下第三位を四捨五入して「6.67」にすることがよくないわけではありません。次のような理由がある場合には、表示する桁数を変化させます。

桁数を考える三つ目の目安は、比較したり議論するために必要な桁数で表示するという考え方です。男女の体重の比較を例として、「男児の平均体重は20.9kg、女児の平均体重は19.7kgで男児の方が約1.2kg重い」というように、比較・議論するためには小数点以下第一位が妥当だと考えられます。

統計では数字を用いて表現したり、議論を行います。その際には、最も無駄がなく、わかりやすく、誤解を招かない表現になるよう心がけることが大切です。

第 2 部

物事の関係や差を理解する方法を学ぼう

第３章

６月！ 新卒採用——主任が園見学の案内をすると採用率が高まる

統計学を使って何かを表現するとき、「必ず」であるとか「絶対に」という表現を使うことはありません。というのも統計学で検定を行うときには「確率」という概念を用いた検定を行い、特殊な例を除いては確率が0%や100%になることはないからです。ここでは、統計学の核心ともいえる検定の考え方について紹介します。

（1）統計学的仮説検定、帰無仮説・対立仮説とは

統計学的仮説検定とは

統計学や統計を用いることにはいくつかの目的があります。たとえば、現

在や過去の状態を数量的に把握するためや将来に起こりうる事象の予測をしたり、何かを主張するための根拠を示すために用いるなどです。

ここで触れる検定とは、何かを主張したり説明するために、仮に設けられた説（仮説といいます）が立証されるかを検証することであり、その際に統計学的な考え方や手法を用いて行う場合に「統計学的仮説検定」と表現します。仮説を検証する方法は、どのような仮説あるいは事象について検証するかにもよりますが、統計学的手法以外の方法で検証することもあります。たとえば、仮説に基づいて実際に行い、事実を確認して立証することもあれば、過去の資料などをもとに立証する場合もあります。ここで紹介する統計学的検定によって仮説を検証するためには、その仮説がデータに基づいて立証できる内容であるかどうかが必要になるとともに、立証のためのデータを収集できることが前提となります。

一言で統計学的仮説検定といっても検定方法は複数あり、表3-1のように尺度の種類やデータの性質、目的などにより分類されます。代表的なものについては事例をあげながら本書でも紹介しますが、統計学的仮説検定を行う上で大切なことは、データの性質や目的に照らし合わせて、最も適切な検定手法を選択することです。言い換えれば、採用する検定手法の選択を間違えてしまうと、せっかく統計を用いて分析や検定を行ったとしても、その結果が意味のないものになってしまう可能性があるのです。とくに、近年では統計パッケージなどデータ分析のソフトウェアが発達しているため、データの性質と統計学的手法が一致していなくてもそれらしい結果が出てしまうだけに、検定手法をしっかりと吟味することが大切になります。

●仮説と検定

「子どもたちは遊ぶことが好き」や「何でも好き嫌いなく食べることが大切」など、日常生活や保育に携わる中で、当然のことのように認識していることがたくさんあります。しかし、それらは本当に事実なのでしょうか。今日の保育においては、過去のさまざまな研究によって事実として明らかになっていることがたくさんある一方で、実はわからないことや明らかになっていないこともたくさんあります。何がわかっていて、何がわかっていないかは、

●図表 3-1　統計学的検定の種類

<table>
<tr><th>尺度</th><th>対応</th><th>正規性</th><th>標本数</th><th>検定手法</th></tr>
<tr><td rowspan="2">名義尺度
順序尺度</td><td>なし</td><td>-</td><td>２群以上</td><td>カイ二乗検定</td></tr>
<tr><td>あり</td><td>-</td><td></td><td>マクニマー検定</td></tr>
<tr><td rowspan="8">間隔尺度
比率尺度</td><td rowspan="4">なし</td><td rowspan="2">あり</td><td>２群</td><td>対応ないＴ検定</td></tr>
<tr><td>３群以上</td><td>分散分析</td></tr>
<tr><td rowspan="2">なし</td><td>２群</td><td>マンホイットニーＵ検定</td></tr>
<tr><td>３群以上</td><td>クラスカル・ウォリス検定</td></tr>
<tr><td rowspan="4">あり</td><td rowspan="2">あり</td><td>２群</td><td>対応あるＴ検定</td></tr>
<tr><td>３群以上</td><td>対応ある分散分析</td></tr>
<tr><td rowspan="2">なし</td><td>２群</td><td>符号検定</td></tr>
<tr><td>３群以上</td><td>フリードマン検定</td></tr>
</table>

過去の研究や資料などを調べるしかありません。その上で、わかっていないことで、なおかつ正しいこととして主張したいときに、そのことを仮説として検証します。先にも触れたとおり、仮説を立証する方法としては、実際に行ってみて仮説を立証することもあれば、過去の資料などを元に立証するなど、立てられた仮説の内容によって異なるとともに方法も一つとは限りません。統計学的検定も仮説を立証するための一つの手法になります。そこで、検定を行うためには仮説が欠かせません。むしろ、仮説がないところでは統計学的検定を行う意味がありません。

それでは、どのような説が仮説になり得るのか。結論からいうと、どのような説でも仮説になり得ます。たとえば、本書でも触れる「プール好きと性別には関係がある」や「学歴によって仕事が続くかは異なる」などの仮説はもちろん、ほかにも「子どもは運動会を楽しみにしている」や「子どもたちはシチューよりもカレーの方が好き」「身長が高い方が、走るのが速い」「子どもの人間関係を養うためにはケンカの仲立ちをしない方がよい」など、日常の生活や保育の中で感じていることなど何でもかまいません。ただし、ここで紹介する統計学的検定を用いて仮説を立証するためには、その仮説がデータに基づいて立証できる内容であるかどうかが必要になるとともに、立証のためのデータを収集できることが条件となります。

それでは、仮説を立証するとはどういうことなのか。たとえば、「身長が高い方が走るのが速い」という仮説について、実際に身長と足の速さを測定したとしましょう。個々の測定結果を見れば、足が速くて身長の高い子どももいれば、身長は高いけれど足は速くない子どももいます。逆に身長は高くないけれど、足が速い子どももいるでしょう。それらを全体的な傾向として把握するために、データを整理・集約して、統計学的な検定を行います。その結果、身長の高さと足の速さに一定以上の関連性が見出されたときに仮説が立証されたことになります。

しかしながら、実際には仮説が正しいことを直接的に証明することは非常に難しい場合がほとんどであり、多くの場合では背理法という考え方に基づき、本来証明したい仮説と反対の仮説を立てて、その反対の仮説が確率的に起きづらいことを証明することで本来の仮説立証を目指すという手法を用います。

●帰無仮説と対立仮説

前項で触れたように、統計学的仮説検定では多くの場合に本来証明したい仮説とは反対の仮説を設定し、反対の仮説が確率的に起きづらいことを証明することで本来の仮説が正しいことを立証していきます。ここでの本来の仮説に対する反対の仮説のことを「帰無仮説」といいます。そして、帰無仮説に対して本来の仮説を「対立仮説」といいます。たとえば、図表3-2のように、本来の仮説が「身長が高い方が走るのが速い」であれば、「身長が低くても足が速い子どももいる」や「身長と足の速さには関係ない」などが帰無仮説となります。帰無仮説での表現は、どのような検定を行うのかによって若干

◉図表3-2　仮説検定の考え方

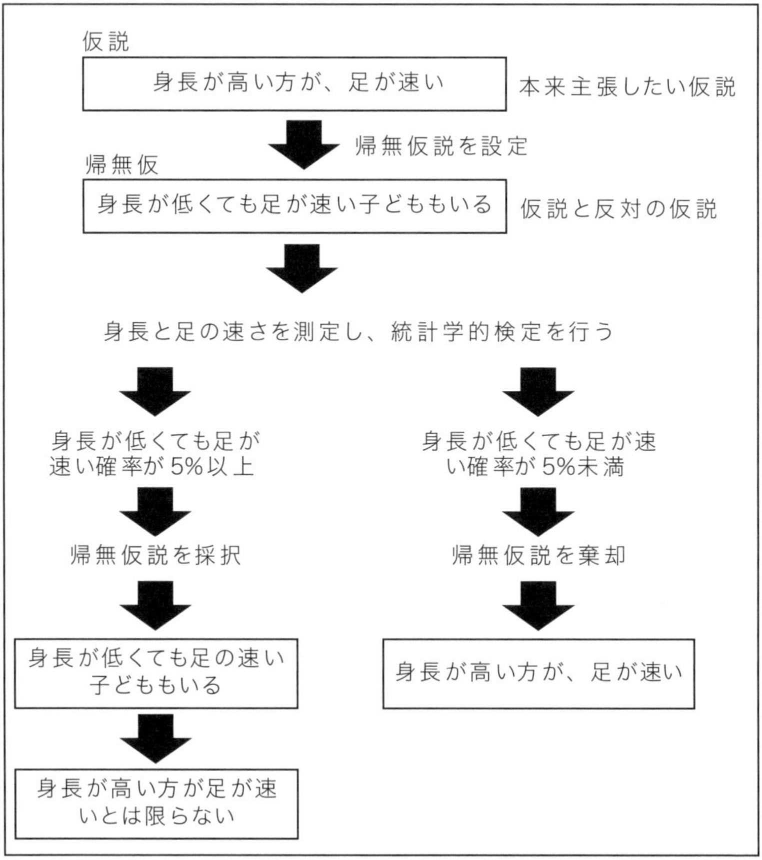

の変化がありますが、いずれにしても検定を行うことで帰無仮説が起きる確率を計算することになります。

検定によって帰無仮説の起きる確率を計算した結果、その確率が一定水準を下回っていれば（たとえば､確率 0.05（5%）など）､帰無仮説は「起きづらい」として棄却されます。帰無仮説が棄却されたということは、帰無仮説の反対の仮説である対立仮説が採択､つまり「対立仮説」＝「本来の仮説」なので、本来の仮説が立証されたことになるのです。

検定によって何を証明しようとするのかによりますが、多くの場合に帰無仮説は棄却されることを期待して設定され、そのことによって本来の仮説の立証を目指していきます。

●有意水準

仮説検定や帰無仮説の説明で､「起きづらい」と表現していましたが、それは確率論や統計学的に「絶対に正しい（絶対に誤り）」や「100%正しい（間違っている)」ことを証明することは現実的に不可能だからです。なぜなら、現実世界では、例外的に起きる出来事や非常に稀な出来事が存在するからです。非常に例外的で稀にしか起きない事象まで含めて議論してしまうと、結果的には何も主張できなくなってしまいます。そのために、統計学では一定の水準を定めて､その水準を満たしていれば良いという基準を設けています。この水準のことを「有意水準」といいます。

統計学では一般的に、5%、1%、0.1%を有意水準として設定しています。つまり､何らかの事象が起きる確率が5%未満であれば「有意に小さい｣､1%未満であれば「有意にとても小さい」、0.10%未満であれば「有意に極めて小さい」となり、必ずしも0%ではなかったとしても「起きづらい」として推定するのです。5%、1%、0.1%の有意水準のうちのどの水準を採用するかについての明確なルールはなく、分析者が任意に設定してかまいません。例外的な出来事が多いと想定される社会的な事象であれば5%を有意水準とすることが多いでしょうし、健康や身体に影響を及ぼす内容などできる限り厳密に検定を行いたい場合には0.1%を有意水準にするなど、検定で扱う内容によって有意水準を変化させます。

●統計学的検定と過誤

有意水準と検定に関して分析者が注意を払うこととして、本来の仮説（対立仮説）や帰無仮説が棄却されたり、採択された結果は「絶対」ではないという点です。5%の有意水準で帰無仮説が棄却されるということは、帰無仮説が起きる確率が5%未満であり、対立仮説が起きる確率は95%以上です。つまり、5%未満ではあるけれども帰無仮説が起きる確率は存在しており、そもそも有意水準を設けて検定を行うこと自体が、誤りが起きることを許容しているともいえるのです。統計学的検定におけるこのような誤りのことを「過誤」といい、過誤は大きく第１種の過誤と第２種の過誤に分けられます。

どのような誤りが生じてしまうのかを把握するために、第１種の過誤と第２種の過誤について簡単に触れておきます。第１種の過誤とは、「帰無仮説が本当は正しいにも関わらず棄却してしまう」ことです。対して第２種の過誤とは、「帰無仮説が本当は正しくないにもかかわらず採択してしまう」ことです。統計学的検定では、帰無仮説に対する検定を行うことになるので、第１種の過誤が生じてしまうと「本来の仮説（対立仮説）が正しくないのに採択してしまう」ことになります。第１種の過誤と第２種の過誤でどちらが重大な結果に至るかは仮説の立て方にもよりますが、統計学的検定では、有意水準を厳しく設定することで第１種の過誤を防ぐことにつながります。

いずれにしても過誤により、間違った結論を導いてしまうことになるため、その可能性を踏まえて検定の結果を慎重に吟味することが大切です。

(2) 採用率を高めるためには？

ここでは、「園の求人募集に対して学生が園見学にきたとき、主任保育士が説明すると採用試験を受験しやすいか」を例に考えてみましょう。

まず、この仮説を立証するための統計学的検定を行うにあたり、少し詳細に状況の設定をします。この例では、立証したい仮説は次のとおりとなります。

仮説：園見学に来た学生に対して、主任保育士が説明すると採用試験を受ける。

次に、この仮説をそのまま立証することは難しいので、背理法に基づいた仮説とは反対の仮説である帰無仮説を設定します。帰無仮説を設定するにあたり、本来の仮説とは反対の状況にはどのような状態があるのかを考えてみましょう。

帰無仮説Ａ：園見学に来た学生に対して、主任保育士以外の保育士が説明しても採用試験を受けるか

帰無仮説Ｂ：園見学に来た学生に対して、主任保育士が説明しても採用試験を受けるかどうかの結果に違いはない。

他にも次のような帰無仮説も考えられます。

帰無仮説Ｃ：園見学に来ない学生に対して、主任保育士が説明すると採用試験を受ける。

帰無仮説Ａは、主任保育士ではない保育士が説明した場合にどうなるかを検証し、帰無仮説Ｂでは、主任保育士が説明した場合の結果が反対になる事象について検証することになります。帰無仮説Ｃでは、主任保育士は説明するが見学に来る学生か来ない学生かを比較検証することになります。ただし、帰無仮説Ｃについては、園見学に来ない学生に対しては説明をすることができず、そもそもの状況設定が破綻しています。したがって、帰無仮説Ｃは仮説とは反対の仮説ではあるけれども検証そのものが不可能です。

それでは、帰無仮説Ａと帰無仮説Ｂのどちらを用いて検証する方がよいのでしょうか。結論からいえばどちらでもかまいません。現在どのようなデータがあるのか、またこれからどのようなデータを取ることができるのかに

◉図表 3-3　帰無仮説 A の検定を行うために必要なデータ

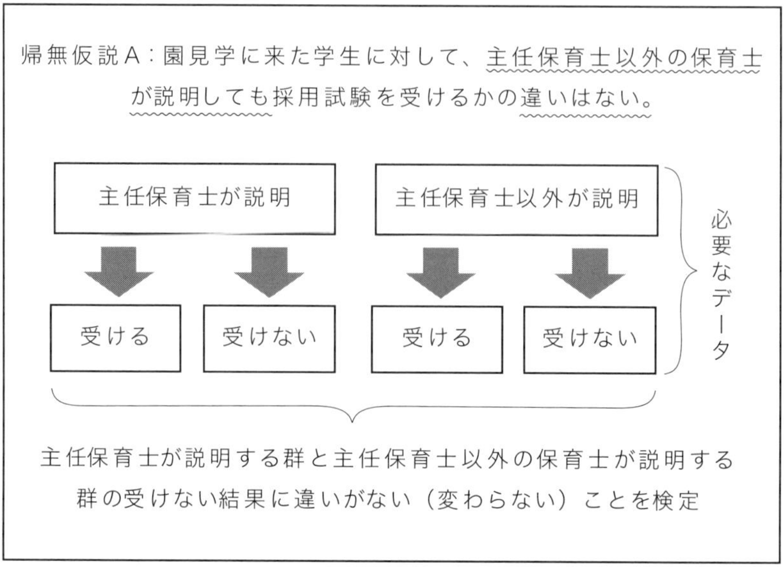

よって選択すればよいのです。

つまり、帰無仮説 A で検定を行うためには、園見学に来た学生に対して、主任保育士と主任保育士以外の保育士が説明する２つのパターンの情報が必要です（図表 3-3）。帰無仮説 B では、園見学に来た学生に対して、主任保育士が説明し、その結果として採用試験を受けたのか、または受けなかったのかの情報で事足ります。（図表 3-4）。

仮説も含め、帰無仮説 A と帰無仮説 B も結果的には、主任保育士が説明することに意味があるのか、学生の採用試験につながるのかを検証することにほかなりませんが、厳密にはそれぞれの検定で結果の解釈は異なります。

帰無仮説 A も帰無仮説 B も、主任保育士が園見学に来た学生に対し説明することが採用試験につながるかどうかを検証しますが、帰無仮説 B ではそれだけに留まります。つまり、主任保育士が説明することが学生の採用試験に対して有効であるのかどうかしかわかりません。対して帰無仮説 A では、主任保育士以外の保育士も説明することに意味があるのかも評価するこ

◉図表 3-4　帰無仮説Ｂの検定を行うために必要なデータ

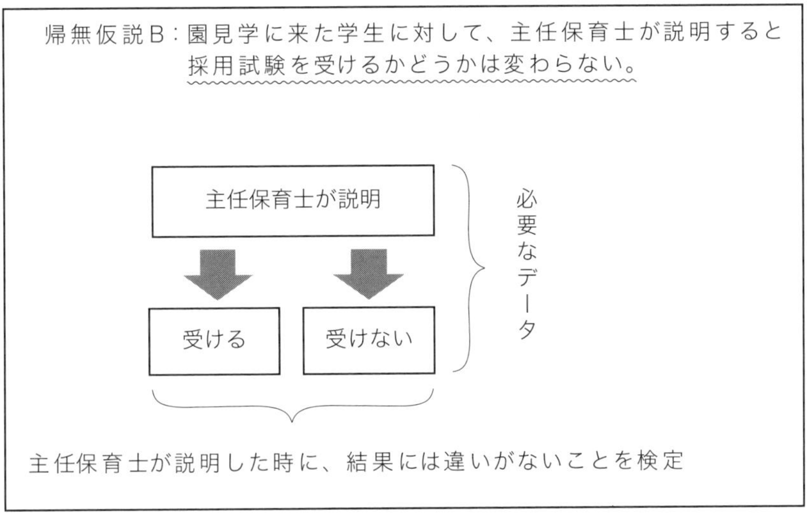

とができます。

図表3-3と図表3-4を比べるとわかるとおり、帰無仮説Ａの方が検定を行うための情報がより多く必要になります。統計学や統計学的検定では、得られたデータ以上のことはわかりません。この点からも、ほかの章でも触れているような調査の目的を明確にしてデータを集めることや、調査や分析のデザイン作りがとても大切になるのです。

今後、より具体的な考察や検討を行うことができるように、ここでは帰無仮説Ａを用いましょう。

帰無仮説Ａでは、複数の学生に対して、主任保育士が説明する状況と主任保育士以外の保育士が説明する状況の２つのパターンで結果がどのように異なったかの情報を収集します。それにより図表3-5のような結果が得られました。

図表3-5にあるように、園見学に来た学生25人のうち、主任保育士が14人に説明を行い、主任保育士以外の保育士は11人に説明を行いました。主任保育士が説明を行った14人の学生のうち11人が採用試験を受け、３人は受けませんでした。主任保育士以外の保育士が説明を行なった11人の学生

◉図表 3-5　主任保育士と主任保育士以外の保育士が説明した場合の違いによる採用試験を受けたかどうかの結果

		説明を行った人		計
		主任保育士	主任保育士以外の保育士	
採用試験	受ける	11 人	4 人	15 人
	受けない	3 人	7 人	10 人
計		14 人	11 人	25 人

のうち、採用試験を受けた学生は４人、採用試験を受けなかった学生は７人でした。図表の数値からも何となく主任保育士が説明を行った方が、採用試験に結びつきそうな雰囲気はあります。しかし、表の数値だけではそれが本当かどうかはわかりません。そこで統計学的検定の登場です。

詳細はあとの章で触れるので省きますが、ここでは「カイ二乗検定」を用います。カイ二乗検定では、「主任保育士が説明した場合と主任保育士以外の保育士が説明した場合で、学生が採用試験を受けるかの結果には違いがない」確率を計算します。

実際に、カイ二乗検定によって「主任保育士が説明した場合と主任保育士以外の保育士が説明した場合で、学生が採用試験を受けるかの結果には違いがない」確率は、0.032、つまり 3.2％でした。有意水準を５％未満に設定したとき、帰無仮説 A は棄却され、対立仮説、つまり本来の仮説である「園見学に来た学生に対して、主任保育士が説明すると採用試験を受ける」が採択、立証されることになります。

ただし、本章 40 ページの「⑴ 統計学的仮説検定、帰無仮説・対立仮説とは」でも紹介したように、統計学的仮説検定で計算した確率は、仮説あるいは帰無仮説で設定する事象が発生する確率です。ここでは「主任保育士と主任以外の保育士が説明したときに、採用試験を受けるかどうかには違いがない」確率であり、「主任保育士が説明をしたときに、学生が採用試験を受ける」確率ではありませんので、結果の解釈には十分な区別と注意が必要です。事実、図表3-5にもあるように、主任保育士が説明したけれども採用試験を受けなかった学生も現実に存在します。

とはいえ、この検定を行うことにより、主任保育士が説明する方が、主任保育士以外の保育士が説明するよりも採用試験に結びつきやすいということが立証されたため、今後の採用に向けた園の体制を整備する際の有益な情報になり得るのです。

第４章
７月！ プール活動――男児は女児よりもプールが好き!?

ここでは、統計学的仮説検定の一つであるカイ二乗検定について見ていきます。数ある検定の中でカイ二乗検定は使われる頻度が非常に高いとともに、アンケート調査などの分析でも使いやすい手法です。

(1) クロス表（カイ二乗検定）とは

アンケート調査などで考えや意識についての質問する時、その回答として「1. はい― 2. いいえ」や「1. まったく思わない―2. あまり思わない―3. まあまあ思う―4. とても思う」といった選択肢を設定することが多くあります。これらの選択肢の尺度水準は、「1. はい―2. いいえ」は名義尺度、「1. まったく思わない―2. あまり思わない―3. まあまあ思う―4. とても思う」は順序尺度です。これら名義尺度や順序尺度での変数間の関係性を把握したいときに、クロス表（分割表ともいいます）を作成します。

クロス表（分割表）

実際にクロス表を作成してみましょう。たとえば、すみれ組の園児 20 人に「リンゴの好み」と「イチゴの好み」を質問しました。回答方法は、「好き―嫌い」の 2 択です。質問した結果、図表 4-1 ような回答が得られました。

●図表 4-1　すみれ組のリンゴとイチゴの好み

番号	回答者	リンゴの好み	イチゴの好み
1	A くん	好き	好き
2	B くん	嫌い	好き
3	C くん	好き	好き
4	D くん	好き	嫌い
5	E くん	好き	好き
6	F くん	好き	嫌い
7	G くん	嫌い	好き
8	H くん	好き	好き
9	I くん	好き	嫌い
10	J くん	嫌い	嫌い
11	K さん	好き	好き
12	L さん	嫌い	好き
13	M さん	嫌い	嫌い
14	N さん	嫌い	好き
15	O さん	好き	嫌い
16	P さん	嫌い	嫌い
17	Q さん	好き	嫌い
18	R さん	好き	好き
19	S さん	嫌い	好き
20	T さん	嫌い	好き

さて、リンゴとイチゴのそれぞれの質問（変数）の結果を表にすると、図表4-2と図表4-3のようになります。リンゴとイチゴそれぞれの好みを把握する上ではこれで十分です。

◉図表 4-2　リンゴの好みの結果

	好き	嫌い
リンゴ	11人	9人

◉図表 4-3　イチゴの好みの結果

	好き	嫌い
イチゴ	12人	8人

リンゴとイチゴそれぞれの好みの関連性を知るためには、２つの変数の組み合わせによる結果で確認することができます。ここでは、リンゴの好みもイチゴの好みも「好き」と「嫌い」の２つの選択肢なので、組み合わせとしては、「リンゴが好きで、かつイチゴも好き」「リンゴは好きだけれどもイチゴは嫌い」「リンゴは嫌いだけれどもイチゴは好き」「リンゴもイチゴも嫌い」の４つの組み合わせがあります。この組み合わせを縦（列といいます）と横（行といいます）で表示する表を作ることができます（図表4-4）。これがいわゆるクロス表です。この例では、選択肢がそれぞれ２択だったので２×２のクロス表でしたが、選択肢の数によって２×３や３×３のクロス表になります。ただし、選択肢が多くなると、クロス表中の枠（セルといいます）の数も多くなり、表を作って把握しやすくするという目的が達成できなくなるため注意が必要です。

それでは、あらためてリンゴとイチゴの好みによるクロス表を見てみましょう。「リンゴもイチゴも好き」と回答した人は６人、「リンゴは好きだけれどもイチゴは嫌い」は５人、「リンゴは嫌いだけれどもイチゴは好き」は６人、「リンゴもイチゴも嫌い」は３人でした。クロス表を作ると、２つの変数の組み合わせの結果を把握することができ、この表からは「リンゴもイチゴも嫌い」な子どもは20人中３人と、比較的に少数であることが伺えます。

作表において、全体（または、行や列の合計）を100％とし、それぞれのセルに割合を示すとより傾向を把握しやすくもなります。

◉図表4-4　リンゴとイチゴの好みのクロス表

		イチゴの好み		計
		好き	嫌い	
リンゴの好み	好き	6人（30%）	5人（25%）	11人
	嫌い	6人（30%）	3人（15%）	9人
計		12人	8人	20人（100%）

カイ二乗検定と仮説

名義尺度や順序尺度の2つの質問、つまり2変数間の関連性を統計学的に検証するために用いる手法として「カイ二乗検定」があります。カイ二乗検定は、ギリシャ文字を用いて「χ^2検定」とも表記します。カイ二乗検定を少しだけ正確に説明すると、名義尺度や順序尺度、あるいは比率尺度である年齢を「20歳未満」「20歳以上」のように順序尺度以上の尺度をグループ化したような変数において、2つの集団の比率が同じかどうかを調べる「独立性の検定」と定義されます。

もう少しわかりやすく表現すると、カイ二乗検定では、2つの変数間の関連の有無を調べる検定ということになりますが、その際の仮説（実際には、これが帰無仮説になります）を「関連がない」、つまり「偶然に起きた」と仮定します。有意水準を5％未満とした時、検定の結果、「関連がない」確率が5％以上であれば「関連がない」、つまりクロス表で示された各セルの分布は「偶然である」と解釈できます。逆に検定の結果が5％未満であれば、「関連のない」確率が5％未満、つまり「関連のある」確率が95％以上となり、2つの変数間には何らかの「関連がある」と解釈します。

カイ二乗検定で注意したいことの一点目として、カイ二乗検定は主にクロス表を作成したあとにクロス表の分布を参照すると同時に、カイ二乗検定を行うことで2つの変数間の関連の有無を確認します。クロス表の部分でも触れましたが、クロス表作成で用いる変数の選択肢が多くなると、クロス表内でのセルの数が多くなり、表を使っての傾向把握がしづらくなると同時に、正確なカイ二乗検定が実施されなくなります。ここでは詳細な理由は省略しますが、クロス表でのセルが多くなると、１つのセルに配置される度数が小さくなり、十分な検定が行えなくなるのです。そのため、少なくとも各セルでの度数が５以上（それでも不十分な場合もあります）になるよう、選択肢を結合するなどの処理を行う場合もあります。

注意したいことの二点目として、カイ二乗検定は２つの変数の関連の有無を確認するために用いられますが、あくまでも「関連の有無」だけです。とくに２つ以上の変数を用いて統計分析を行う際、２つ以上の変数間の「関連（あるいは「違い」）」を明らかにしたい場合と原因と結果からなる「因果関係」を明らかにしたい場合とがあります。カイ二乗検定で確認できることは関連についてのみであり、因果関係を明らかにすることはできません。もちろん調査や分析・検定などで社会的事象を扱った時には、その内容の前後関係や背景などから原因や結果、いわゆる因果関係を推測することはありえますが、カイ二乗検定の結果をもって因果関係を立証するには至らず、別の手段を用いる必要があります。

●カイ二乗検定の実際

統計パッケージなどを用いてカイ二乗検定を行うと、検定結果の判断や解釈をするために知っておいた方がよい情報がいくつか登場します。ここでは、その情報の読み方について紹介します。

図表 4-5 は、先のリンゴとイチゴの好みの関連について、カイ二乗検定を行った際の結果です。参考までに、ここでの仮説は「リンゴとイチゴの好みには関連がある」となり、帰無仮説を「リンゴとイチゴの好みには差がない（関連はない）」と設定してカイ二乗検定を行います。カイ二乗検定の結果は数値だけで示されますが、クロス表にカイ二乗検定の結果に関連した情報も加えています。

第一に、カイ二乗検定のそのものの結果は、図表 4-5 の最も右の列（有意確率）および図表下の注１の記述になります。注１の部分で、カイ二乗検定を実施したこと、そしてその結果、カイ二乗値が 0.303、自由度 =1 である

ことが分かります。さらに、表の右側の有意水準の欄で、カイ二乗検定の結果、有意確率が0.58となりました。ここで最も大切な情報は、カイ二乗検定の結果、算出された有意確率が0.58だということです。有意水準を0.05（5%）未満としたとき、このカイ二乗検定での仮説（実際には帰無仮説）が採択されます。つまり、帰無仮説である「リンゴとイチゴの好みには差がない（関連はない）」が立証され、本来の仮説である「リンゴとイチゴの好みには関連がある」は棄却されたことになります。

●図表 4-5　カイ二乗検定の結果の例

			イチゴの好み		有意確率[注1]
			好き	嫌い	
リンゴの好み	好き	度数	6人（30%）	5人（25%）	0.58
		期待値	6.6（人）	4.4（人）	
		調整済み残差	-0.6	0.6	
	嫌い	度数	6人（30%）	3人（15%）	
		期待値	5.4（人）	3.6（人）	
		調整済み残差	-0.6	0.6	

注１：カイ二乗検定、カイ二乗値 =0.303、自由度 =1

さらに詳しく、カイ二乗検定の結果を読み取ります。ここで注目したい項目は、「期待値」と「調整済み残差」です。統計パッケージなどを用いると、自動で期待値や調整済み残差を計算・表示することができます。

まず、期待値とは、2つの変数（ここでは、リンゴの好みとイチゴの好みの2つの質問）の度数の割合から理論上計算される度数のことです。図表4-4で見たように、20人中それぞれ、リンゴの好みについては好きが11人、嫌いが9人でした。イチゴの好みについては好きが12人、嫌いが8人でした。このリンゴとイチゴの好みそれぞれの割合を20人に当てはめたとき、理論上想定される値である期待値が算出されます。カイ二乗検定では、度数とこの期待値の差を計算することによって検定を行います。したがって、実際に観測された値である度数と、理論上想定される期待値の違いを比較することによって、セルの中のどの部分が想定よりも多い、あるいは少ないのかを判断することができます。具体的には、ある特定のセルで期待値よりも度数の方が高い値を示していればその部分が想定よりも多いと判断し、期待値よりも度数の方が小さい値であればその部分が想定よりも小さいと判断します。

期待値と度数の関係性で、その部分の値が想定よりも多いのか少ないのかを判断することができますが、その多いあるいは少ないことが確率的に有意であるかを調整済み残差によって確認することができます。具体的には、調整済み残差が絶対値で1.96（$|1.96|$と表記します）以上であれば、度数と期待値の関係は有意に異なることを意味します。つまり、ある特定のセルの度数が期待値よりも高い（低い）値を示し、なおかつ調整済み残差の値が$|1.96|$以上であれば、そのセルには何からの関係性が働いていると解釈することができます。

先の例では、すべてのセルの調整済み残差の値は$|1.96|$未満なので、それぞれのセルの度数と期待値の有意な違いも確認されないという結果になります。したがって、カイ二乗検定の結果と同様に、「リンゴとイチゴの好みには関連はない」という結論に至りますす。

(2) 事例：プール好きと性別は関係がある？

ここでは、実際にクロス表およびカイ二乗検定を用いて、プール好きと性別の関連を見ていきましょう。まず、すみれ組（年長児クラス）の男女25人に対してプールが好きかどうかを調べ、図表4-6のような回答が得られました。

●図表4-6　すみれ組の性別とプールが好きかどうかの回答

番号	回答者	性別	プールが好きかについて
1	Aくん	男	好き
2	Bくん	男	好き
3	Cくん	男	好き
4	Dくん	男	嫌い
5	Eくん	男	好き
6	Fくん	男	嫌い
7	Gくん	男	好き
8	Hくん	男	好き
9	Iくん	男	嫌い
10	Jくん	男	好き
11	Kくん	男	好き
12	Lさん	女	好き
13	Mさん	女	嫌い
14	Nさん	女	好き
15	Oさん	女	嫌い
16	Pさん	女	嫌い
17	Qさん	女	嫌い
18	Rさん	女	嫌い
19	Sさん	女	嫌い
20	Tさん	女	嫌い
21	Uさん	女	嫌い
22	Vさん	女	好き
23	Wさん	女	好き
24	Xさん	女	嫌い
25	Yさん	女	嫌い

まずは、すみれ組25人の「性別」と「プールが好きか」の2つの変数についてのクロス表を作成すると図表4-7のようになります。最も多い値（度数・割合）を示したセルは、「プールが嫌いと回答した女児」の10人（40.0%）であり、最も低い値は「プールが嫌いと回答した男児」の3人（12.0%）でした。

●図表4-7　プールの好みと性別についてのクロス表

		プールの好み		計
		好き	嫌い	
性別	男	8人（32.0%）	3人（12.0%）	11人（44.0%）
	女	4人（16.0%）	10人（40.0%）	14人（56.0%）
計		12人（48.0%）	13人（52.0%）	25人（100.0%）

注：計を除く各セルの割合は全体を100%とした場合の割合

このクロス表から女児よりも男児の方でプールが好き、つまり「プール好きと性別には関連がある」ことが読み取ることができます。とはいえ、それが本当に事実かどうか、また統計学的に有意であるかは不明です。したがって、「プールの好みと性別には関連があるのか」を立証していきましょう。

ここでの仮説は次のようになります。

仮説：プールの好みと性別には関連がある

この仮説を検証するために、反対の仮説となる帰無仮説を設定します。ここでの帰無仮説は、以下のようになります。

帰無仮説：プールの好みと性別には関連がない

この帰無仮説について、有意水準5%未満でカイ二乗検定を行います。

カイ二乗検定を行った結果、図表4-8の結果が得られました。ここでは参考までに、57ページの図4-5と異なる表形式で作成しますが、登場する数値は同じです。

●図表 4-8　プールの好みと性別のカイ二乗検定結果

カイ二乗検定	カイ二乗値	自由度	有意確率
	4.81	1	0.028

まず、プールの好みと性別のカイ二乗検定の結果について見ていきましょう。カイ二乗検定の結果、有意確率は 0.028 でした。この検定では、有意水準を 5% 未満に設定したため、帰無仮説である「プールの好みと性別に関連がない」確率が 0.028、つまり 2.8% であるため、この帰無仮説は棄却され、本来の仮説「プールの好みと性別には関連がある」ことが立証されました。

次に実際に、どのような関連があるのかについても見てみましょう。図表 4-7 のクロス表に期待値と調整済み残差を加えたものを図表 4-9 として示します。

●図表 4-9　プールの好みと性別のクロス表

			プールの好み		計
			好き	嫌い	
性別	男	度数	8 人（32.0%）	3 人（12.0%）	11 人（44.0%）
		期待値	5.3 人	5.7 人	11 人
		調整済み残差	2.2	-2.2	-
	女	度数	4 人（16.0%）	10 人（40.0%）	14 人（56.0%）
		期待値	6.7 人	7.3 人	14 人
		調整済み残差	-2.2	2.2	-
計		度数	12 人（8.0%）	13 人（52.0%）	25 人（100.0%）

図表 4-9 のクロス表で確認する部分は、それぞれのセルの度数と期待値の値、そして調整済み残差です。

「男児とプールが好き」および「女児とプールが嫌い」の２つのセルで期待値よりも度数が上回っていることがわかります。この２つのセルにおいて

は、性別のプールの好みのそれぞれの割合から算出される期待値よりも、実際の観測される度数の方が多いため、予想よりも多く偏っていることが読み取れます。同じ部分の調整済み残差を確認すると、2.2と|1.96|よりも高い値を示しているため、期待値よりも有意に多い度数を示していることが明らかになりました。一方、「女児とプールが好き」と「男児とプールが嫌い」では、先ほどの内容とは逆の傾向を示しました。

これらのことから、「プールの好みと性別には関係がある」ことに加えて、その実態として、「女児よりも男児の方が、プールを好んでいる」あるいは「男児よりも女児の方が、プールが嫌いである」ということが明らかになりました。

今回の調査や分析でわかることはここまでです。「なぜ好きなのか（嫌いなのか）」や「プールでのどのような活動が好き（嫌い）なのか」「どのようにすれば好きになるのか」はこの度の検定ではわかりません。また、因果関係となる「男児だからプールが好きである」ともいえません。これらのことを知るためには、別の情報を収集し、分析を試みる必要があります。

ただし、今回の検定結果を踏まえて、園内でのプール活動に対する取り組み方を考えるための一つの素材が確認されたことになります。

第５章

８月！ 保育者の勤続年数――保育者の学歴と勤続年数に関係はある？

第４章のクロス表・カイ二乗検定では、原則として名義尺度や順序尺度についての集計、検定を行いました。統計学的分析や検定を行っていくと、さまざまな尺度に対しての分析が必要になります。ここでは、間隔尺度や比率尺度で用いる分析の方法について紹介します。

（1）T検定と分散分析とは

ある統計調査の結果によれば、保育士の平均勤続年数は男性で 6.3 年、女性で7.7年、男女合わせると7.6年という結果が示されています。このように、生活や仕事のさまざまな場面で平均値は集団の特徴を表す上で非常に便利な指標として用いられます。ほかにも、年齢や経験年数、身長、体重、テストの得点なども平均値が目安として登場します。

たとえば、先の平均勤続年数について、平均値を比較すると男性が6.3年、女性が7.7年となり、女性の方が1.5年ほど長いことがわかります。男性と女性で平均勤続年数が1.5年違うことは事実ですが、この1.5年という男性と女性の平均勤続年数の差は偶然、つまり誤差の範囲なのか、それとも意味のある違いがあるのか、はたしてどちらでしょう。このように、２つの平均値の差に意味のある違いがあるのか、それとも偶然の産物なのかを比較する方法を「T（ティー）検定」、そして３つの平均値の差を比較する方法を「分散分析」といいます。

T検定

先の説明のとおり、T検定は２つの平均値に違い（差）があるかを確認するための検定です。T検定では、厳密には間隔尺度や比率尺度としての特性を持つ２つの変数の差を確認します。したがって、性別といった名義尺度や、順位のような順序尺度では用いることできません。

T検定を用いる場合、帰無仮説を「Aの平均値とBの平均値には差がない」とします。もう少しわかりやすく表現すると、「AとBの平均値には違いがない（同じ）」あるいは、「AとBの平均値はまったく同じではないけれど、その違いは偶然の範囲内であり、意味のある違いは認められない」となります。この帰無仮説に対する対立仮説は「AとBの平均値は等しくない」、つまり「AとBの平均値は、同じものだとは認められない」といった解釈が成り立ちます。したがって、T検定では、「AとBには違いがある」ことを検証するための検定になります。

ここで２つの平均値といったときには大きく２つの場面が考えられ、T検定では、比較する２つの平均値の関係性によって分析方法が異なります。一つは、同じ対象者での２つの要素の平均値を比較する場合、もう一つは異なる対象者間での平均値を比較する場合です。前者を「対応あるサンプルのT

検定」といい、後者を「対応ないサンプルのＴ検定」といいます。

●対応あるサンプルのＴ検定と対応ないサンプルのＴ検定

「対応あるサンプルのＴ検定」とは、２つの平均値の元になっている集団が関連している場合です。たとえば、同一の集団での去年と今年の平均値の比較をする、具体的には、５歳児クラスでの去年と今年の10m走でのタイムや縄跳びで飛べた回数を比較するような場合です。

対して「対応ないサンプルのＴ検定」は、「独立サンプルのＴ検定」ともいい、２つの集団が独立している（異なっている）場合の平均値を比較するときに用います。具体的には、男性と女性のそれぞれの平均値を比較したときに違いがあるのか、また１歳児と２歳児とで睡眠時間が異なるのか、といったような場合です。

●Ｔ検定の結果の表示

Ｔ検定を統計パッケージで実行すると、さまざまな数値が示されます。Ｔ検定によって算出される主な値は、度数、平均値、標準偏差、平均値の標準

誤差、T値、自由度、そしてT値の有意確率です。加えて、対応ないサンプルのT検定では、等分散のためのLevene（ルビーン）の検定としてF値ならびにF値の有意確率が算出されます。

これらの中で注目する値は、平均値とT値の有意確率です。対応ないサンプルのT検定を行ったときに、平均値とT値の有意確率に加えて、等分散のためのLevenの検定でのF値とF値の有意確率も確認します。

●T検定の結果の見方

対応ないサンプルのT検定を例に、結果の見方を具体的に紹介していきます。

5歳児クラスの男児15人と女児13人、計28人の身長測定を行いました。その結果、男児の平均身長は112.4cm、女児の平均身長は104.4cmでした。男児と女児のそれぞれの平均身長について、性別による平均身長の違いがあるのかについてT検定を行います。このとき、男児と女児は異なる集団なので対応ないサンプルのT検定を行います。T検定を行った結果、図表5-1と図表5-2の結果が算出されました。

図表5-1は、男児と女児のそれぞれの身長に対する統計量です。この表からは、男児の方が女児よりも平均身長が高いこと、女児の方が身長のばらつきが大きいことが確認できます。

次に、男児と女児の平均身長に統計学的な違いがあるのかを図表5-2で確認します。対応ないサンプルのT検定では、図表5-2の上の段のように、等分散のためのLeveneの検定が算出されます。ここでは、男児と女児のデータの傾向が同じかどうかを確認します。この例では、F値が0.18、F値の有意確率が0.89となり、等分散を仮定する確率が有意水準0.05を超えているので、等分散を仮定することから、図表5-2（つづき）の上の段を見ます。図表5-2（つづき）の上の段のT値は3.10、有意確率は0.005であり、有意水準0.05を下回ったので、「男児と女児の平均身長には違いがない」という帰無仮説が棄却され、対立仮説である「男児と女児の平均身長には意味のある違いが認められる」ことが確認されました。

ただし、T検定は平均値の違いを確認する検定であるため、なぜ違うのかということまではわかりません。

◉図表 5-1　男児と女児の平均身長の T 検定（統計量）

	度数	平均値	標準偏差	平均値の標準誤差
男児	15	112.4	6.50	1.68
女児	13	104.4	7.14	1.98

◉図表 5-2　男児と女児の平均身長の T 検定の結果

	F 値	有意確率
等分散を仮定する	0.18	0.893
等分散を仮定しない		

（つづき）

T 値	自由度	有意確率
3.10	26.0	0.005
3.08	24.5	0.005

分散分析

先の T 検定では、2つの集団の平均値を比較して、違いがあるのかを調べました。言い方を変えると、T 検定では2つの集団の平均値の比較しかできません。しかし、調べたい内容によっては、3つ以上の集団の平均値を比較したい場合があります。どのような状況で比較したいか考えてみましょう。たとえば、年長児と年中児、年少児で平均睡眠時間が異なるのかを調べたい場合です。

●一元配置分散分析と二元配置分散分析

分散分析も T 検定と同様に比較する条件によって「一元配置分散分析」と「二元配置分散分析」に区別されます。

一元配置分散分析では、3つ以上の集団間の平均値の比較を行う際に用い、二元配置分散分析は、２つの要素の組み合わせごとに平均値を比較して、２つの要素の効果を調べる際に用います。ここではＴ検定の延長として、３つの集団の平均値の比較を行う一元配置分散分析について紹介します。

一元配置分散分析では、先述したように３つの集団の平均値を比較して、そのうちの１つの集団の平均値がほかの２つの集団の平均値と異なるかどうかを調べます。検定を前提として正確に表現すると、「３つの集団の平均値には差がない（違いがない、同じである）」ことを確認する検定であり、これが帰無仮説となります。したがって、帰無仮説に対する対立仮説および本来確認したい仮説は「３つの集団の平均値には意味のある違いがあり、同じとはいえない」となります。

上述したように、分散分析では３つの集団の平均値のうち、１つの集団の平均値が他の集団の平均値と異なるかどうかだけを調べるものであり、集団間の組み合わせによる違いに関する情報は得られません。そのため、多くの場合で、分散分析の後にそれぞれの組み合わせに対する比較を多重比較として行い、それぞれの組み合わせによる傾向を確認します。

●一元配置分散分析の結果の表示

一元配置分散分析を実行すると、大きくは３つの集団の代表値をはじめとする「記述統計量」と、３つの集団に違いがあるかを示す「分散分析結果」、そして集団間の組み合わせごとの平均値に違いがあるかどうかを示す「多重比較」の３つの結果を確認します。具体的な例を示しながら、それぞれの結果の見方について見ていきましょう。

●一元配置分散分析の結果の見方

平均睡眠時間が、年長児クラスと年中児クラス、年少児クラスのそれぞれの子どもで異なるかどうかを例に、一元配置分散分析の結果を紹介します。

年長児クラス 18 人、年中児クラス 20 人、年少児クラス 14 人の午睡時間（分）を調べ、それぞれの平均値を算出しました。それぞれの平均値は分散分析の結果としても表示されますが、参考までに示しておきます。

図表5-3から、年長児クラスの平均午睡時間が37.0分と最も短く、年少児クラスが59.0分と最も長い平均午睡時間となりました。年中児クラスは、年長児と年少児の間に位置する40.0分でした。見た目上は異なるこれらの3つのクラスの平均午睡時間が本当に異なるのかを、一元配置分散分析で検証していきます。なお、ここでの有意水準は0.05（5%）未満とします。

◉図表5-3　年長児、年中児、年少児の午睡時間の概要

	度数	平均午睡時間（分）	標準偏差
年長児	18	37.0	± 16.0
年中児	20	40.0	± 14.7
年少児	14	59.0	± 18.5
計	54	44.1	± 18.4

統計パッケージを用いて分析を実行すると、図表5-3の概要に加え、分散分析結果（図表5-4）と多重比較結果（図表5-5）が算出されます。本例では、分散分析に加え、分散分析の結果をより詳細に確認するための多重比較を実施しています。多重比較の方法については、今回は複数ある多重比較の方法の中からBonferroni（ボンフェローニ）法を用いました。

◉図表5-4　分散分析の結果

	平方和	自由度	平均平方	F値	有意確率
グループ内	4351.7	2	2175.8	8.28	0.001
グループ間	12874.0	49	262.7	-	-
合計	17225.7	51	-	-	-

図表5-4は分散分析の結果です。ここで注目したい項目はグループ内の「有意確率」です。図表5-4では、有意確率が0.001となり、有意水準0.05よりも小さいため、「3つの集団の平均値には違いがない」とする帰無仮説が棄却され、対立仮説である「3つの集団の平均値には違いがある」が採択されます。

◉図表 5-5　多重比較の結果

比較するクラス		平均値の差 (I-J)	標準誤差	有意確率
(I) クラス	(J) クラス			
年長児	年中児	-3.00	5.65	1.000
	年少児	-22.00	5.78	0.001
年中児	年長児	3.00	5.27	1.000
	年少児	-19.00	5.65	0.004
年少児	年長児	22.00	5.78	0.001
	年中児	19.00	5.65	0.004

注 多重比較の方法は Bonferroni 法による

一元配置分散分析により３つの集団の平均値に違いがあることが確認されたため、３つの組み合わせのうち、どの組み合わせの平均値が異なるのかを図表 5-5 で確認します。図表 5-5 で確認する項目は、「比較するクラスの組み合わせ」とそれに対する「平均値の差」および「有意確率」です。図表 5-5 から、有意確率が 0.05 よりも小さい、つまり有意に異なると確認されたクラスの組み合わせは、「年長児クラスと年少児クラス」および「年中児クラスと年少児クラス」の２つの組み合わせです。いずれの組み合わせにおいても、年少児クラスの方で平均午睡時間が長い傾向にあることが確認されました。なお、年長児クラスと年中児クラスの間には有意な違いは確認されませんでした。

これらにより、年少児クラスと年中児クラス以上との間で午睡の時間が異なることが明らかとなりました。

(2) 学歴の高い方が長続きする？

この数年来、保育園をはじめとする就学前施設では深刻な保育士不足です。その背景の一つには、保育士の離職率の高さや勤続年数の短さがあげられます。したがって、保育士不足を解消するためには、保育士が長期間働き続けられるように支えること、そして長期間働くことのできる保育士を採用することです。

ここでは、「学生の新規採用をするにあたり、短期大学出身の学生と４年生大学の学生のどちらが長く働き続けるのか、またどこの大学（短期大学）出身の学生を採用する方が長く働き続けるのか」について考えてみます。そのために、間隔尺度や比率尺度の特性をもつデータを用い、T 検定や分散分析を使いながら検証していきます。

ある保育園職員の過去10年間の出身大学・短期大学と勤続年数のデータを集めました。その結果、３つの大学・短期大学出身の職員60名のデータが集まりました。その概要を図表5-6にしてみました。

◉図表5-6　大学・短期大学出身別職員の勤続年数の概要

大学・短期大学名	度数	平均勤続年数	標準偏差
A 短期大学（２年制）	15	6.2 年	± 3.6 年
B 短期大学（２年制）	21	5.0 年	± 3.0 年
C 大学（４年制）	24	8.2 年	± 3.7 年
合計	60	6.6 年	± 3.7 年

図表5-6から、B短期大学の平均勤続年数が最も短く、C大学の平均勤続年数が最も長いことが読み取れます。標準偏差の値からは、B短期大学の職員はおおよそ働き続ける期間が近いことがうかがえます。対して、A短期大学とC大学では、標準偏差の値がB短期大学より高いことから、勤続年数が短い職員もいれば、比較的長く働き続ける職員もいることがわかります。

この表だけを見ると、全体的にはC大学の学生を採用する方が、勤続年数が長いとともに、長く働き続ける職員として採用できそうな気がします。ということは、短期大学出身よりも大学出身の学生を採用する方が長く働き続ける職員を採用することにつながるのでしょうか。

また、図表5-6では大学・短期大学によっても平均勤続年数が違っているため、4年制大学と短期大学で区別して考えるより、大学・短期大学ごとに採用学生を考えたほうがよいのではないかとも考えることができます。

それでは実際に、大学出身と短期大学出身で平均勤続年数に違いがあるのか、また大学・短期大学間で平均勤続年数に違いがあるのか、について分析・検定を行いながら検証していきましょう。

短期大学出身職員と大学出身職員の平均勤続年数の比較（T検定）

集められたデータをもとに、短期大学出身職員と大学出身職員の平均勤続年数の違いについて検討してみましょう。

まず、集められた60人の職員のデータについて、「出身の種別」と「平均勤続年数」で整理します。その結果、図表5-7のようになりました。

●図表5-7　出身の種別と勤続年数の概要

出身の種別	度数	平均勤続年数	標準偏差
短期大学出身	36	5.5年	±3.3年
大学出身	24	8.2年	±3.7年

図表5-7からは、大学出身職員の方が短期大学出身職員よりも、平均勤続年数が長いことがわかります。その差は、約2.7年です。はたしてこの差は偶然なのでしょうか、それとも大学出身か短期大学出身かによって意味のあ

る違いなのでしょうか。これを確かめるためには、２つの集団の比較であるＴ検定、さらに２つの集団はそれぞれ別々の集団なので、対応ないサンプルのＴ検定を用います。なお、有意水準は0.05未満とします。

対応ないサンプルのＴ検定を行ったところ、図表5-8の結果が得られました。

対応ないサンプルのＴ検定であるため、Ｔ検定に用いた２つの集団の等分散が仮定されるかどうかを、図表5-8のＦ値およびＦ値右の有意確率で確認します。Ｆ値は0.002、有意確率0.964であることから、等分散を仮定することができるため図表5-8の上の段でＴ検定の結果を確認します。Ｔ検定の結果は、Ｔ値は-2.91、Ｔ値の有意確率は0.005であり、有意水準0.05よりも小さいので、２つの集団、つまり短期大学出身職員と大学出身職員の平均勤続年数には違いがあることが確認されました。具体的には、大学出身職員の方が短期大学出身職員よりも平均勤続年数が長いことが立証されました。

●図表5-8　出身の種別と平均勤続年数のＴ検定の結果

	Ｆ値	有意確率	Ｔ値	自由度	有意確率
等分散を仮定する	0.002	0.964	-2.91	58.0	0.005
等分散を仮定しない			-2.84	45.0	0.007

短期大学・大学ごとの平均勤続年数の比較（分散分析）

さきほどのＴ検定によって、短期大学出身職員よりも大学出身職員の方で平均勤続年数が長いことが明らかとなりました。この結果によって、「長く働き続ける職員を採用するためには大学出身の学生を採用する方が良い」と考えてよいでしょうか。Ｔ検定の結果だけを踏まえて、大学か短期大学かの区別だけで考えると、それで正解です。しかし、前述の図表5-6からもわかるように、Ａ短期大学とＢ短期大学との間においても平均勤続年数に違いがあるように感じます。もちろん、ここであらためてＡ短期大学とＢ短期大学の平均勤続年数をＴ検定で比較してもよいのですが、次にはＡ短期大学とＣ大学、Ｂ短期大学とＣ大学との違いも確認しなければならず、何度もＴ検定を繰り返す必要があります。したがって、ここでは一度に確認できるようにＡ短期大学、Ｂ短期大学、そしてＣ大学の三者の間での分散分析を行い、それぞれの間で平均勤続年数に違いがあるのかを検証していきます。

ここで用いる分散分析は３つの集団の比較なので、一元配置分散分析です。加えて、今回の多重比較ではTukey（テューキー）HSD法を用いました。なお、有意水準は0.05未満とします。

Ａ短期大学、Ｂ短期大学、Ｃ大学の平均勤続年数に対する一元配置分散分析の結果として図表5-9、多重比較の結果として図表5-10が示されました。

●図表5-9　短期大学・大学別の平均勤続年数の比較（分散分析）

	平方和	自由度	平均平方	Ｆ値	有意確率
グループ間	114.3	2	57.1	4.78	0.01
グループ内	682.5	57	12.0	-	-
合計	795.8	59	-	-	-

●図表5-10　短期大学・大学別平均勤続年数の多重比較

比較する短期大学・大学		平均値の差 (I-J)	標準誤差	有意確率
(I) 大学名	(J) 大学名			
Ａ短期大学	Ｂ短期大学	1.21	1.17	0.56
	Ｃ大学	-2.0	1.14	0.21
Ｂ短期大学	Ａ短期大学	-1.2	1.17	0.56
	Ｃ大学	-3.2	1.03	0.01
Ｃ大学	Ａ短期大学	2.0	1.14	0.21
	Ｂ短期大学	3.2	1.03	0.01

まず図表5-9の結果から見ていきましょう。グループ間での有意確率が0.01となり、有意水準0.05未満よりも小さい値を示したため、「３つの集団には違いがない」という帰無仮説が棄却され、対立仮説である「３つの集団には意味のある違いがある」ことが確認されました。つまり、Ａ短期大学

とＢ短期大学、Ｃ大学のそれぞれの平均勤続年数のうち１つはほかの２つに対して違いがあることが統計学的に立証されたことになります。

それでは、どの組み合わせにおいて違いがあったのかは、多重比較の結果である図表5-10で確認しましょう。図表5-10のそれぞれの組み合わせにおいて、有意確率が0.05よりも小さい値を示した組み合わせは、「Ｂ短期大学とＣ大学」です。したがって、Ｂ短期大学とＣ大学との間では平均勤続年数が異なり、具体的にはＣ大学出身職員の方がＢ短期大学よりも平均勤続年数が長いという結果になりました。

ところで、先ほどの短期大学出身職員と大学出身職員の平均勤続年数を比較するために行ったＴ検定の結果では、短期大学出身職員と大学出身職員の平均勤続年数に違いがあることが確認されました。しかし今回の分散分析後の多重比較では、Ｂ短期大学とＣ大学での違いは確認されたものの、Ａ短期大学とＣ大学の間での違いは確認されませんでした。

Ｔ検定ならびに分散分析の結果を踏まえると、どのように考えることができるでしょうか。少し考えてみたいと思います。

今回の結果からは、４年制の大学出身職員の方が短期大学出身職員よりも平均勤続年数が長いことから、全体的には大学出身の学生を採用する方が長く働き続けると予測されます。一方で、すべての短期大学出身職員の平均勤続年数が短いというわけでもありません。個別の大学や短期大学で見た場合には、大学と同程度の平均勤続年数を示す短期大学もあるため、それぞれの大学・短期大学の特性を考慮した採用を検討する必要があるといえます。

第６章

９月！ 保育の研修会――園内外の研修は本当に役立っている？

ここでは、順序尺度の性質をもつ２つの変数間での差（違い）があるかどうかを確認するための方法について紹介します。似た方法として、前に紹介したカイ二乗検定がありましたが、それとは異なる考え方を用いた手法になります。

（1）ウィルコクソン（Wilcoxson）の符号付き順位和検定

第５章では、間隔尺度や比率尺度での２つあるいは２つ以上の変数間の平均値に違いがあるかの確認するための検定としてＴ検定と分散分析について紹介しました。ここでは、順序尺度の性質をもつ2つの変数の間に違いがあるかどうかを調べる手法である「ウィルコクソンの符号付き順位和検定」について紹介します。

「順序尺度の2変数間の差（違い）」と聞いて、ピンときたとしたらそれはとても素晴らしいことです。というのも、第4章のクロス表・カイ二乗検定の章で、名義尺度や順序尺度の性質をもつ2つの変数間の関連を確認する方法を紹介したからです。また同じことをするのかを思ってしまうかもしれませんが、実はそうではありません。というのも、カイ二乗検定では、2つの変数を組み合わせたクロス表を作成し、2つの変数のそれぞれの選択肢に割り当てられた度数の割合からクロス表内の各セルの期待値を計算しました。そして、度数と期待値の差を元に2つの変数間に違いがあるのかどうかを確認する手法がカイ二乗検定です。クロス表の作成やカイ二乗検定を行うとき、尺度の幅、いわゆる変数における選択肢の数が多いと、クロス表のセルが多くなって1つのセルに配置される度数や期待値が小さくなってしまうため回答の傾向を把握しづらくなるばかりか、カイ二乗検定を正確に実行することができなくなってしまいます。

そこで、順序尺度の場合に限り、その順位を元にしながらT検定と同様のことができないかということで考え出された手法がウィルコクソンの符号付き順位和検定なのです。ウィルコクソンの符号付き順位和検定のイメージは第5章で紹介したT検定であり、T検定の中でも、対応あるサンプルのT検定です。参考までに、第5章の事例でも紹介した、対応ないサンプルのT検定と同様の検定を順序尺度の変数で行う方法が、第7章で紹介する「マン・ホイットニーU検定」あるいは「ウィルコクソンの順位和検定」になります。ここで紹介するウィルコクソンの符号付き順位和検定と名前が非常に似ているため注意が必要です。

ウィルコクソンの符号付き順位和検定の考え方

まずは、ウィルコクソンの符号付き順位和検定の考え方を簡単に紹介しておきます。

ウィルコクソンの符号付き順位和は順位和というくらいですから、順位の和を活用します。具体的には図表 6-1 に示したように、順序尺度のそれぞれの選択肢に順位を付け、その順位の度数から基準となる値を算出します。その後、比較する集団ごとに、選択肢の基準値とそれぞれの選択肢の度数を計算し、合計したものを順位和といい、集団ごとの順位和を比較することで検定を行います。

このように考えることで、ウィルコクソンの符号付き順位和検定では、順序尺度を用いながらもＴ検定に近い検定を行うことを可能にしているのです。

ウィルコクソンの符号付き順位和検定の実際

それでは、参考例を用いて、ウィルコクソンの符号付き順位和検定の実際を見ていきましょう。

まず、ウィルコクソンの符号付き順位和検定では、変数の尺度が順序尺度であること、そして比較する２つの変数が対応あるサンプルであること、つまり、基本的には同じ集団から収集した２つの変数であることが前提となります。この条件に合わせるため、第４章で登場した、すみれ組園児のリンゴとイチゴの好みを用いましょう。ただし、ここでは「好き」と「嫌い」の

◉図表 6-1　順位和検定の考え方

質問（変数）に対して、以下のように「役に立った」から「役に立たなかった」までの４段階の順序尺度の選択肢

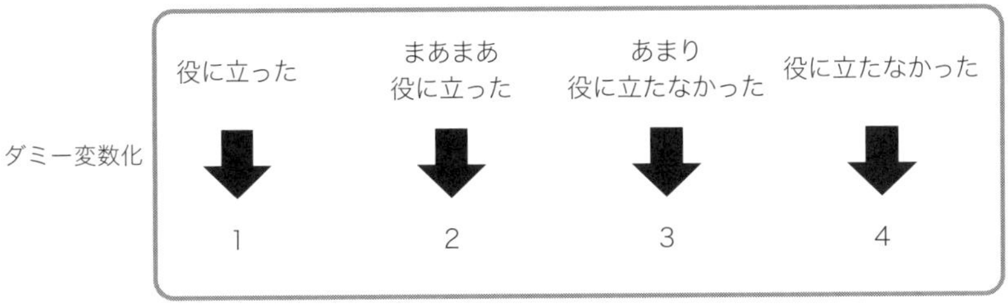

「役に立った」から「役に立たなかった」までを順位に置き換える

実際に調査を行った結果、

選択肢	順位	人数（度数）
役に立った	=1	・・・5 人
まあまあ役に立った	=2	・・・7 人
あまり役に立たなかった	=3	・・・3 人
役に立たなかった	=4	・・・2 人

の結果が得られたとします。
この時、順位「1」は５人いるので、1+2+3+4+5=15 となり、これを度数で割ることで、順位「1」の基準となる値は「3」となり、
順位「1」=3 ×この選択肢の人数（人数）を集団ごとに計算します。
これをすべての選択肢の階層で行い、それぞれの階層の値を合計したものを「順位和」といい、順位和を比較することで検定を行います。

２択の選択肢ではなく、「好き」「まあまあ好き」「わりと嫌い」「嫌い」の４段階の順序尺度に変更しました（図表 6-2）。

すみれ組のリンゴの好みとイチゴの好みに違いがあるのかについて、有意水準を 0.05 未満として、ウィルコクソンの符号付き順位和検定を実施しました。なお、ウィルコクソンの符号付き順位和検定は、T 検定などと同様に、「変数 A と変数 B には差がない」ことに対する検定です。つまり、ここでは「リンゴとイチゴの好みには差（違い）がない」に対しての検定ということになります。

●図表 6-2　すみれ組のリンゴとイチゴの好み

番号	回答者	リンゴの好み	イチゴの好み
1	A くん	まあまあ好き	まあまあ好き
2	B くん	わりと嫌い	まあまあ好き
3	C くん	まあまあ好き	好き
4	D くん	好き	嫌い
5	E くん	好き	好き
6	F くん	好き	わりと嫌い
7	G くん	嫌い	まあまあ好き
8	H くん	まあまあ好き	好き
9	I くん	好き	嫌い
10	J くん	わりと嫌い	嫌い
11	K さん	まあまあ好き	まあまあ好き
12	L さん	わりと嫌い	まあまあ好き
13	M さん	わりと嫌い	嫌い
14	N さん	嫌い	好き
15	O さん	好き	わりと嫌い
16	P さん	嫌い	嫌い
17	Q さん	好き	わりと嫌い
18	R さん	好き	まあまあ好き
19	S さん	嫌い	好き
20	T さん	嫌い	好き

検定の結果、図表 6-3 の結果が示されました。

●図表 6-3　リンゴとイチゴの好みの違いについて

度数	検定の統計	標準誤差	標準化された検定の統計	有意確率
20	68.50	19.06	0.03	0.98

注 ウィルコクソンの符号付き順位和検定

図表6-3で確認する項目は、有意確率です。有意確率0.98は有意水準0.05よりも大きいため、「リンゴとイチゴの好みには違いがない」確率が0.98（98%）ということで、この仮説は棄却されません。したがって、「すみれ組園児のリンゴとイチゴの好みには違いが見られない」という結果になりました。

ここでは、リンゴとイチゴの好みに対するウィルコクソンの符号付き順位和検定を行い、検定の結果、差がないことが明らかになったため、それ以上の議論を行うことがありませんでした。検定の結果、差がある、つまり違いが認められたときには、どのような違いがあるのかを確認する必要があります。そこでは、リンゴとイチゴの好みについての分布を表や図を用いて確認することになります。ここでは省略しましたが、多くの場合では検定を行う前に、集計結果などから傾向を把握します。

(2) 研修の成果は？

大学や短期大学などの養成校で保育士資格を取得するためには、2年から4年間の期間を要します。その間、実習にも行き、数多くの科目を履修するなど、たくさん勉強します。その結果として、卒業するときには晴れて保育士になりますが、そこで勉強が終わるわけではありません。実際のところ、保育士として働きはじめてからが本当の勉強といえるかもしれません。子どもたちや保護者と関わることも勉強になりますし、研修などで勉強する機会もあります。いずれにしても、時代や社会の流れから取り残されないためにも、また自分自身のスキルアップのためにも、日々勉強を積み重ねていくことが保育士に課せられた使命なのかもしれません。

ところで、一体どのような研修が役に立つのでしょうか。もちろん誰が受けるのか、どのような内容の研修か、またどこで行われる研修なのかなど、さまざまな角度からの検証が必要です。そこで、ここでは、園内研修と園外研修のどちらが役に立つのかを、ウィルコクソンの符号付き順位和検定を用いて検証してみましょう。

園内研修と園外研修ではどちらが役に立つ？

ある保育園の保育士25人に、園内研修と園外での研修それぞれの効果として、役に立ったと感じるかを聞きました。その際、選択肢は「役に立った」「まあまあ役に立った」「どちらともいえない」「あまり役に立たなかった」「役に立たなかった」の5段階の順序をもつ順序尺度としました。

調査を行った結果、図表6-4の回答を得ることができました。

当然、図表6-4だけでは、園内研修と園外研修のどちらが役に立ったかを把握することは難しそうです。そこで、園内研修と園外研修のそれぞれでどのような回答があったかを表や図から見てみましょう。そこで作成したのが図表6-5と図表6-6です。

図表6-5ならびにず図表6-6を作ると、園内研修と園外研修の効果についての回答傾向の違いを比較しやすくなりました。図表6-5からは回答の分布として、園内研修の方で「役に立った」や「まあまあ役に立った」と回答した割合が高く、対して園外研修では「あまり役に立たなかった」や「役に立たなかった」「どちらともいえない」の割合が多いように見えます。グラフになるとより比較しやすくなりました。図表6-6では、それぞれの選択肢に対して左の棒グラフが園内研修、右の棒グラフが園外研修を示しています。図表6-6を見るかぎりでは、園内研修が図の左側で高い位置を示していますし、園外研修では右側で高い値を示しています。これらのことから、園内研修と園外研修を比べたとき、園内研修の方が園外研修よりも高い効果がうかがえます。しかし、このことは正しいといえるのでしょうか。

これを確認するために検定を行いましょう。今回のデータは順序尺度であり、同じ回答者が行った2つの結果の比較になるのでウィルコクソンの符号付き順位和検定を用います。

念のため、ここでの本来の仮説は「園内研修と園外研修では効果が異なる」であり、帰無仮説を「園内研修と園外研修ではその効果に差（違い）はない」と設定し、帰無仮説に対する検定を行います。

さて、あらためて、保育士25名に対して、有意水準を0.05未満とし、園内研修と園外研修それぞれの効果について質問した結果でウィルコクソンの符号付き順位和検定を実行したところ、図表6-7の結果が得られました。

●図表 6-4　園内研修と園外研修の効果（回答結果）

番号	氏名	園内研修	園外研修
1	A さん	どちらともいえない	あまり役に立たなかった
2	B さん	まあまあ役に立った	どちらともいえない
3	C さん	あまり役に立たなかった	役に立った
4	D さん	役に立たなかった	役に立った
5	E さん	役に立った	あまり役に立たなかった
6	F さん	役に立った	役に立った
7	G さん	あまり役に立たなかった	あまり役に立たなかった
8	H さん	まあまあ役に立った	役に立たなかった
9	I さん	どちらともいえない	まあまあ役に立った
10	J さん	まあまあ役に立った	あまり役に立たなかった
11	K さん	役に立たなかった	どちらともいえない
12	L さん	まあまあ役に立った	役に立たなかった
13	M さん	どちらともいえない	あまり役に立たなかった
14	N さん	まあまあ役に立った	まあまあ役に立った
15	O さん	まあまあ役に立った	あまり役に立たなかった
16	P さん	役に立った	どちらともいえない
17	Q さん	あまり役に立たなかった	役に立たなかった
18	R さん	どちらともいえない	まあまあ役に立った
19	S さん	役に立った	あまり役に立たなかった
20	T さん	まあまあ役に立った	どちらともいえない
21	U さん	まあまあ役に立った	あまり役に立たなかった
22	V さん	役に立った	役に立たなかった
23	W さん	どちらともいえない	役に立たなかった
24	X さん	役に立った	どちらともいえない
25	Y さん	まあまあ役に立った	あまり役に立たなかった

●図表 6-5　園内研修と円外研修の効果

	園内研修	園外研修
役に立った	6（24.0%）	3（12.0%）
まあまあ役に立った	9（36.0%）	3（12.0%）
どちらともいえない	5（20.0%）	5（20.0%）
あまり役に立たなかった	3（12.0%）	9（36.0%）
役に立たなかかった	2（8.0%）	5（20.0%）
合計	25（100.0%）	25（100.0%）

●図表 6-6　園内研修と園外研修の効果の比較

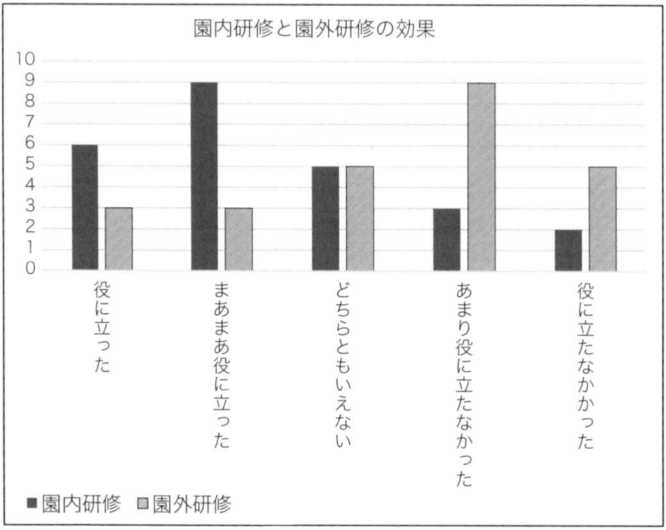

●図表 6-7　園内研修と園外研修の効果の比較

度数	検定の統計	標準誤差	標準化された検定の統計	有意確率
25	194.00	30.5	2.22	0.03

注 ウィルコクソンの符号付き順位和検定

図表6-7の有意確率は0.03となり、有意水準0.05を下回りました。その結果、「園内研修と園外研修ではその効果に差（違い）はない」とする帰無仮説は棄却されます。これにより、本来の仮説となる対立仮説が採択されます。つまり「園内研修と園外研修では効果が異なる」ことが立証されました。具体的な違いについては、先の図表6-5と図表6-6で読み取った内容であり、園内研修よりも園外研修の方が有意に高い効果があることが明らかになりました。

今回の例は、架空のデータを用いているため、実際にこのような調査や分析を行なったときにどのような結果が現れるかは不明ですが、園内研修や園外研修の要素を取り上げて吟味すると、結果を裏付ける背景が見えてくるかもしれません。このような取り組みをとおして、効果的な研修のあり方を考えていくことも保育者の技量を向上させていくため、また保育の質を高めていくためにも必要なことではないでしょうか。

第７章
10月！ 運動会──保育者の評価と保護者の評価は違う？

運動会をはじめとして、園内ではさまざまな行事が行われています。保育者は感動したとしても、「保護者はどのように感じたのだろう？」「満足してくれたのか？」などと考えることも少なくありません。これは日常の保育でも同じです。ここでは、順序尺度を用いた２つの集団の比較の仕方について紹介します。

(1) マン・ホイットニー（Mann-Whitoney）のＵ検定の順位和検定

第６章で紹介したウィルコクソンの符号付き順位和検定は、対応あるサンプルにおける順序尺度に対する差の検定でした。つまり、２つの変数を比較する際には、その回答者が同じであることが検定を行う際の条件でした。しかし、実際に何かを比較をしようとしたとき、回答者が同じとは限りません。本章のテーマのように、保育者と保護者の意識の比較であったり、第６章での園内研修や園外研修の効果を調べる際に経験年数の違いによっての効果を比較するような場合です。

そこで、ここでは順位尺度の性質をもつ変数に対して、２つの集団間での違いを調べるための分析である「マン・ホイットニーのＵ検定」を紹介します。これまで、さまざまな検定を見てきましたが、イメージとしては、対応ないサンプルのＴ検定に最も近い検定といえます。

マン・ホイットニーのＵ検定の考え方

マン・ホイットニーＵ検定は、ウィルコクソン符号付き順位和検定と同様に、順序尺度のそれぞれの選択肢に順位を付け、その順位に対する度数から基準となる検定統計量を算出したのちに比較を行います。

繰り返しになりますが、ウィルコクソン符号付き順位和検定とマン・ホイットニーＵ検定との大きな違いは、比較する変数に関与する集団が同じなのか別なのかという点です。

なお、マン・ホイットニーＵ検定とほぼ同様の検定手法として、ウィルコクソンの順位和検定があります。名称は似ていますが、第６章で紹介したウィルコクソンの符号付き順位和検定とは検定のための条件が異なる別の検定なので区別が必要です。

マン・ホイットニーのＵ検定の実際

それでは、参考例を用いながらマン・ホイットニーのＵ検定を実際に行ってみましょう。

参考例として、第６章で行った園内研修と園外研修の事例のデータに、職員の経験年数から経験値の程度（高い、低い）を加えた新たなデータを作成して検定を進めていきます（図表7-1）。

これまでと同様に、回収したデータだけではどのような傾向があるのかを

●図表 7-1　園内研修と園外研修の効果と経験値（回答結果）

番号	氏名	経験値	園内研修	園外研修
1	A さん	高い	どちらともいえない	あまり役に立たなかった
2	B さん	高い	まあまあ役に立った	どちらともいえない
3	C さん	高い	あまり役に立たなかった	役に立った
4	D さん	高い	役に立たなかった	役に立った
5	E さん	高い	役に立った	あまり役に立たなかった
6	F さん	高い	役に立った	役に立った
7	G さん	高い	あまり役に立たなかった	あまり役に立たなかった
8	H さん	低い	まあまあ役に立った	役に立たなかった
9	I さん	高い	どちらともいえない	まあまあ役に立った
10	J さん	低い	まあまあ役に立った	あまり役に立たなかった
11	K さん	低い	役に立たなかった	どちらともいえない
12	L さん	低い	まあまあ役に立った	役に立たなかった
13	M さん	低い	どちらともいえない	あまり役に立たなかった
14	N さん	高い	まあまあ役に立った	まあまあ役に立った
15	O さん	低い	まあまあ役に立った	あまり役に立たなかった
16	P さん	低い	役に立った	どちらともいえない
17	Q さん	低い	あまり役に立たなかった	役に立たなかった
18	R さん	高い	どちらともいえない	まあまあ役に立った
19	S さん	低い	役に立った	あまり役に立たなかった
20	T さん	高い	まあまあ役に立った	どちらともいえない
21	U さん	低い	まあまあ役に立った	あまり役に立たなかった
22	V さん	低い	役に立った	役に立たなかった
23	W さん	低い	どちらともいえない	役に立たなかった
24	X さん	高い	役に立った	どちらともいえない
25	Y さん	低い	まあまあ役に立った	あまり役に立たなかった

読み取ることはできません。そこで、まずこのデータの概要を把握するために、経験値ごとの園内研修と園外研修の効果に関する表と図を作成します。経験値別の園内研修の効果として図表 7-2、経験値別の園外研修の効果として図表 7-3 として作成しました。さらに傾向を把握しやすくするために図（棒グラフ）も作成してみましょう。経験値別の園内研修の効果を図表 7-4、経験値別の園外研修の効果を図表 7-5 として作成しました。それぞれの図表を見ながら、経験値の別によって研修の効果に違いがありそうかを検討します。

図表から、園内研修については経験値の低い保育士で若干ではありますが、役に立ったとする回答が多いように感じます。対して、園外研修では図表 7-5 から比較的にはっきりと経験値の別による違いが読み取れます。それは、経験値の高い保育士で「役に立った」「まあまあ役に立った」とする回答を多く示されています。逆に、経験値の低い保育士では「役に立たなかった」傾向が強いことが見て取れます。

●図表 7-2　経験値別の園内研修の効果の比較（度数・割合）

		役に立った	まあまあ役に立った	どちらともいえない	あまり役に立たなかった	役に立たなかった
経験値	高い	3（25.0%）	3（25.0%）	3（25.0%）	2（16.7%）	1（8.3%）
	低い	3（23.1%）	6（46.2%）	2（15.4%）	1（7.7%）	1（7.7%）
	合計	6（24.0%）	9（36.0%）	5（20.0%）	3（12.0%）	2（8.0%）

●図表 7-3　経験値別の園外研修の効果の比較（度数・割合）

		役に立った	まあまあ役に立った	どちらともいえない	あまり役に立たなかった	役に立たなかった
経験値	高い	3（25.0%）	3（25.0%）	3（25.0%）	3（25.0%）	0（0.0%）
	低い	0（0.0%）	0（0.0%）	2（15.4%）	6（46.2%）	5（38.5%）
	合計	3（12.0%）	3（12.0%）	5（20.0%）	9（36.0%）	5（20.0%）

●図表 7-4　経験値別の園内研修の効果

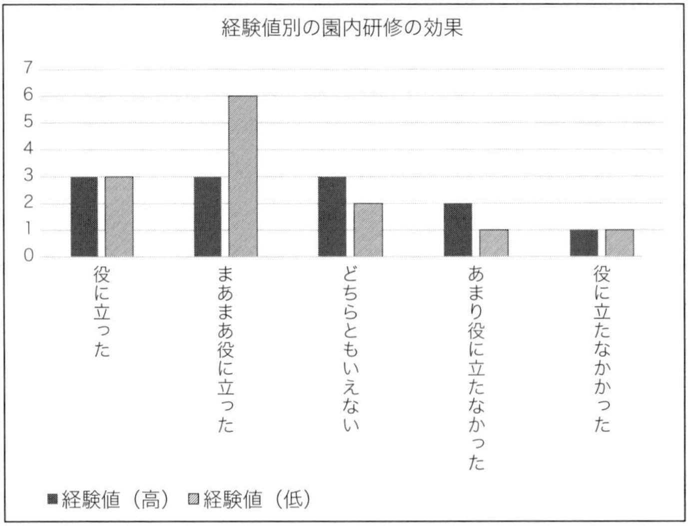

●図表 7-5　経験値別の園外研修の効果

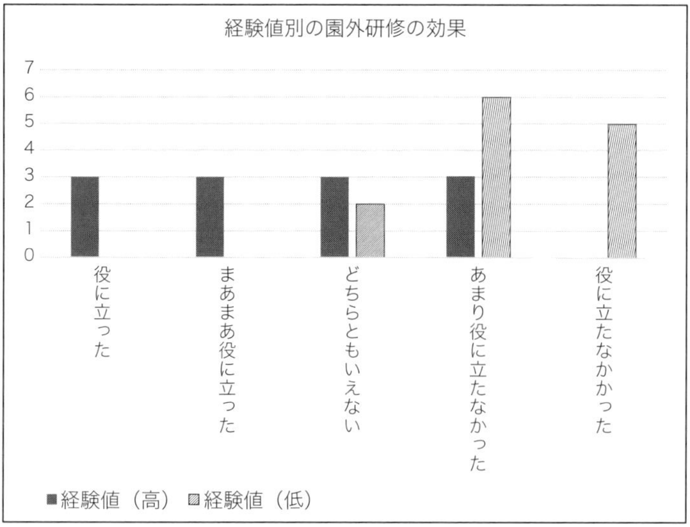

図表から、経験値の別による研修効果の傾向をうかがうことができましたが、統計学的に違いがあるのかを確認するために、有意水準を 0.05 未満として、マン・ホイットニーの U 検定を行います。ここでの仮説は「園内（園外）研修の効果は経験値によって異なる」であり、検定の仮説となる帰無仮説は「園内（園外）研修の効果は経験値による差（違い）はない」です。なお、ここでは園内研修と園外研修は別々に検定を行っています。

マン・ホイットニーの U 検定の結果として図表 7-6、図表 7-7 が示されました。

●図表 7-6　経験値別による園内研修の効果

合計（度数）	マン・ホイットニーの U	ウィルコクソンの W	検定統計	標準誤差	有意確率
25	68.00	159.00	68.00	17.7	0.611

●図表 7-7　経験値別の園外研修の効果

合計（度数）	マン・ホイットニーのＵ	ウィルコクソンのＷ	検定統計	標準誤差	有意確率
25	138.00	229.00	138.00	3.37	0.001

マン・ホイットニーのＵ検定の結果として、さまざまな値が算出されました。それぞれに意味はありますが、ここで注目する項目は表右の有意確率です。

園内研修については、有意確率が 0.61 となり、有意水準 0.05 を上回っているため帰無仮説が採択、つまり「経験値による園内研修の効果には差がない（変わらない）」となりました。

一方、園外研修については、有意確率が 0.001 となり、帰無仮説が棄却されました。これによって対立仮説が採択、つまり「経験値によって、園外研修の効果は異なる」ことが確認されました。具体的には、図表 7-3 や図表 7-4 で読み取ったように、「経験値が高い方が、園外研修は役に立つ」傾向があることが明らかになり、今後、効果的な研修の取り組みに対する根拠が示されました。

（2）運動会はどうだった？　保育者と保護者の比較

保育園では今回の事例で取り上げる運動会をはじめとして多くの行事が行われています。保育士は子どもにとってのよい経験になるように、保護者に対しても子どもの成長した姿を実感できたり、喜んでもらえるようにと願いを込めて、準備や練習に一生懸命に取り組み、本番の日を迎えていることでしょう。このことは行事に限らず日々の保育でも同じだと思います。一生懸命に保育にあたる保育士の姿を見て、保育士に感謝の言葉を伝えてくれる保護者もいます。そのようなとき、保育士は保護者に気持ちが伝わったことをうれしく思い、「がんばって良かった！」と実感し、保育の仕事にやりがいも感じるでしょう。もちろん保育士は保護者から感謝の気持ちを伝えてもらうために仕事をしているわけではないでしょうし、ましてやお金のためでもないでしょう。保育の仕事が好きだから、そして子どもが好きだからこそ保育の仕事をしているのだと思います。しかし、先ほどのように、保護者に対して保育士の気持ちが通じ、保護者が喜んでくれれば、保育の仕事にやりがいを感じ、さらに保育の仕事が好きになることでしょう。

そこで、今回は運動会について、保護者と保育士の感想が同じかどうかを確かめていきましょう。

ここで収集するデータは、調査の「回答者（保育士か保護者か」と「運動会の感想」の感想の２つです。運動会の感想は、「良かった」「まあまあ良かった」「あまり良くなかった」「良くなかった」の４段階の順序尺度です。そして、回答者の違い、つまり回答者が保育士か、あるいは保護者かによって運動会の感想が異なるのかどうかについて検定を行います。なお、回答者数は保育士 27 人、保護者 83 人の計 110 人です。

順序尺度である運動会の感想について、保育士と保護者の２つの異なる集団での比較を行うため、用いる検定手法はマン・ホイットニーの U 検定です。

それでは、順に進めていきますが、まずは、収集された 110 人分の回答結果を図表 7-8 に示しました。サンプル数が多いため、途中の部分は省略しています。

●図表 7-8　回答者と運動会の感想（回答結果）

番号	回答者	運動会の感想
1	保育士	まあまあ良かった
2	保育士	まあまあ良かった
3	保育士	良かった
4	保育士	良かった
6	保育士	まあまあ良かった
7	保育士	あまり良くなかった
・ ・ ・	・ ・ ・	・ ・ ・
24	保育士	まあまあ良かった
25	保育士	良かった
26	保育士	良くなかった
27	保護者	良かった
28	保護者	良かった
29	保護者	まあまあ良かった
30	保護者	あまり良くなかった
31	保護者	あまり良くなかった
32	保護者	まあまあ良かった
33	保護者	良かった
・ ・ ・	・ ・ ・	・ ・ ・
106	保護者	まあまあ良かった
107	保護者	良くなかった
108	保護者	良かった
109	保護者	良かった
110	保護者	あまり良くなかった

図表7-8のままでは傾向を把握することはできませんので、表として整理しましょう。このデータでは、「回答者」と「運動会の感想」の２つの変数の関係を確認するので、クロス表を作成してみましょう（図表7-9）。念のために、同時にグラフでも確認しましょう。ただし、今回のデータでは、保育士と保護者の回答者数が大きく異なり度数では比較することができないため、各回答者内での割合を比較したグラフを作りました（図表7-10）。

◉図表7-9　回答者と運動会の感想（クロス表）

		運動会の感想				
		良かった	まあまあ良かった	あまり良くなかった	良くなかった	計
回答者	保育者	8 (29.6%)	14 (51.9%)	3 (11.1%)	2 (7.4%)	27 (100.0%)
	保護者	39 (47.0%)	20 (23.1%)	17 (20.5%)	7 (8.4%)	83 (100.0%)
	計	47 (42.7%)	34 (30.9%)	20 (18.2%)	9 (8.2%)	110 (100.0%)

注 各セルの割合は、回答者の種別ごとの割合である。

◉図表7-10　回答者別の運動会の感想（割合での比較）

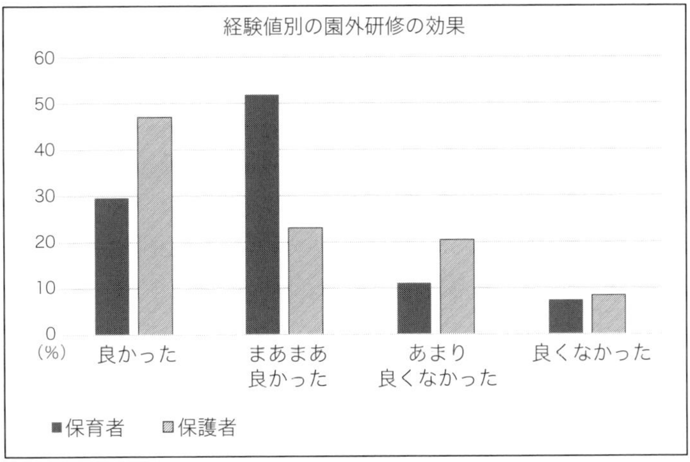

図表7-8よりもずいぶんと回答傾向を把握しやすくなりました。保育者の

回答では「まあまあ良かった」が最も多く、保育士の全回答の半数を占めています。保護者の回答では、「良かった」が最も多く保護者の全回答のうちの約半数近くを占めています。グラフでの把握も含めて比較すると、保護者の方で「良かった」とする傾向が若干強いように見えます。

それでは、実際に保育士と保護者の運動会に対する感想は同じであるのか、あるいは異なるのかについての統計学的検定を行いましょう。繰り返しになりますが、運動会の感想は順序尺度であり、なおかつ保育士と保護者という異なる集団（対応ないサンプル）の比較を行うので、用いる検定はマン・ホイットニーのU検定です。マン・ホイットニーのU検定の仮説は、「2つの集団の○○には差がない（同じである）」であり、これが帰無仮説となり、対立仮説（本来の仮説）を「2つの集団の○○は意味のある違いがある」として検定を行います。多くの場合で、本来の仮説（対立仮説）を採択するために、帰無仮説が棄却されることを期待して検定を行いますが、今回は、「保育士と保護者の運動会に対する感想は同じ（差がない）」方が望ましいため、帰無仮説が採択されることを期待して検定を行います。なお、有意水準は0.05未満としました。

マン・ホイットニーのU検定を実行したのち、図表7-11の結果が得られました。

◉図表7-11　保育士と保護者による運動会の感想の比較の結果

合計（度数）	マン・ホイットニーのU	ウィルコクソンのW	検定統計	標準誤差	有意確率
110	1,037.500	4,523.500	1,037.00	135.52	0.540

図表7-11において、有意確率が0.540となり、有意水準0.05を上回ったことからこの検定での帰無仮説は棄却されず、結果として「運動会の感想について、保育士と保護者の回答には差がない（同じである）」ことが確認されました。先のクロス表やグラフでは保護者の方で「良かった」とする傾向が強いように見えましたが、これは偶然の範囲となり、選択肢全体の傾向から「良かった」あるいは「まあまあ良かった」とする回答が多く、保育士も保

護者も運動会に対して、おおむね良い感想をもっていたことが明らかになりました。

この事例のように、行事や日々の保育について保護者がどのように思っているのか、また保育士と保護者は同じ意識でいるのかなど、実際に声を拾い上げたり、調査をして分析を行ってみないとわからないことが多々あります。

必ずしも保護者の意向に沿うことがすべてではありませんが、本事例のような分析を行うことで保育士と保護者の意識の差を確認し、その結果によっては、保育士と保護者が同じ思いで一つの方向に進んでいくための方法を模索することが、良い保育実践の第一歩になるのではないでしょうか。

第 3 部

因果関係を理解する方法を学ぼう

第８章
11月！ 保育者のやりがい――何が仕事のやりがいにつながるのか!?

本章では、物事のつながりについて学びます。何かが変わると何かも変わるというつながりを「相関関係」といいます。物事のつながりをきちんと理解することで、自分の行為や決定がほかの人や物に対してどのような影響を及ぼすのかという全体的な見通しや理解を得ることができます。

（1）相関分析とは

相関関係の種類と強さ

①相関関係の種類

相関分析とは、２つの物事（変数）のつながりを知る分析方法です。このつながりには、つながり方（種類）とつながりの強さがあります。2つの変数のつながりの種類と強さを理解することが、相関分析の目的です。別の言い方をすれば、相関分析の結果を見ることで、2つの物事のつながり方とその強さが客観的にわかります。ここでは、相関関係の種類について説明します。

相関関係の種類は3つあります。

・1：正の相関

正の相関とは、1つの変数が増えると、もう1つの変数も増えるという関係性のことです。たとえば､勉強時間が増えるほど成績（定期試験の総合得点）が上がるというような関係性です。図表8-1のように、散布図は右上がりになります。

◉図表 8-1　正の相関

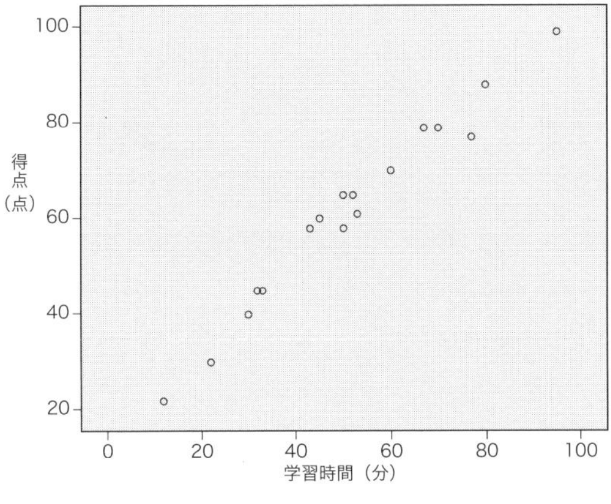

・2：負の相関

負の相関とは、1つの変数が増えると、もう1つの変数は減るという関係性のことです。たとえば、スマホの使用時間が多いほど成績が下がるというような関係性のことです。図表8-2のように、散布図は右下がりになります。

◉図表 8-2　負の相関

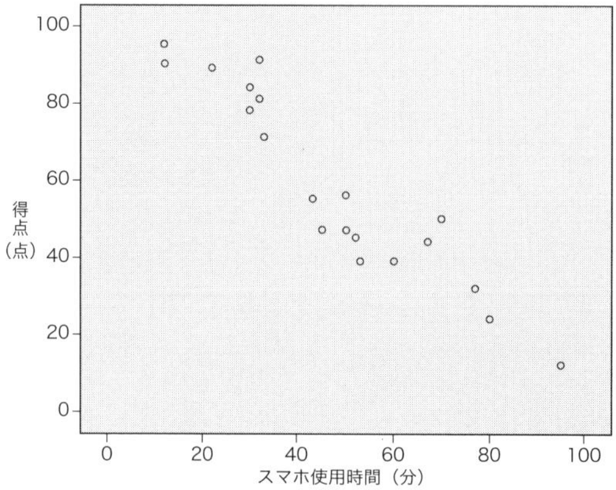

・3：無相関

無相関とは、２つの変数間の関係が定まらない関係性のことです。たとえば、１か月のおこづかいの金額が増えても成績に何ら影響がないというような関係性のことです。図表 8-3 のように、散布図は右上がりでも右下がりでもなく、バラバラとなります。

◉図表 8-3　無相関

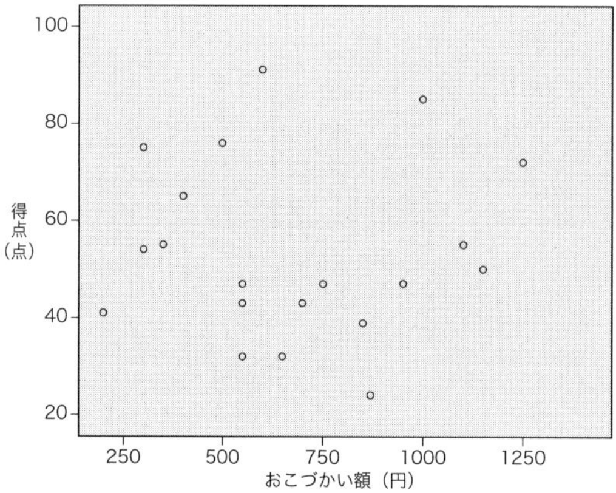

なお、相関分析は２つの変数が直線関係になることを前提としています。別の言い方をすると、線形にならないＵ字や逆Ｕ字のような関係の場合は相関分析を使うことはできません。たとえば、日照時間と農作物の収穫量、友達と遊ぶ時間と成績は逆Ｕ字の関係性になっています。日照時間が少ないと収穫量も少ないけれど、一方で日照時間が多すぎても収穫量が少ないからです。友達と遊ぶ時間が少ないと、勉強を教え合ったり励まし合ったりする仲間ができず成績が上がらないけれど、一方で友達と遊ぶ時間が多すぎると、勉強する時間が減り成績が上がらないからです。

このように、相関分析は、２つの変数がＵ字や逆Ｕ字のような関係であるときは使うことができず、線形の関係にあるときだけ使うことができます。

②相関関係の強さ

散布図を見ると、２つの変数の関係性が視覚的にわかります。こうした視覚的な理解を数字で表現すると、どうなるでしょう。それが、相関係数です。相関係数は、２つの変数のつながりの強さを表した数字です。相関係数を見ると、２つの変数間のつながりの強さが客観的にわかります。

相関係数の判断基準は以下のとおりです。|r| は絶対値を表しています（プラスやマイナスの数字を取り除いた数字です）。

$0.0 \leqq \|r\| \leqq 0.2$	ほとんど相関がない
$0.2 \leqq \|r\| \leqq 0.4$	弱い相関がある
$0.4 \leqq \|r\| \leqq 0.7$	やや強い相関がある
$0.7 \leqq \|r\| \leqq 1.0$	強い相関がある

|r| の値、つまり絶対値が１に近いほど相関が強いということです。反対に、絶対値が０に近いほど相関がないということです。ちなみに、先ほどの図表8-1（正の相関）の相関係数は .987、図表 8-2（負の相関）の相関係数は -.940、図表 8-3（無相関）の相関係数は .016 です。

相関係数を判断する際には３つのことに留意します。

１つめは、相関係数の判断基準は、あくまでも参考程度にすることです。

なぜなら、どのような対象を分析するかによって、相関係数の解釈は変わるからです。相関係数が0.3でも十分ということもあります。

2つめは、相関係数同士は掛け算や割り算をすることはできないことです。そのため、相関係数が0.2の場合と相関係数が0.8の場合を比べて、相関係数が4倍あるとはいえません。

3つめは、相関係数だけを見て判断するのではなく、散布図を確認することです。なぜなら、他の値と極端に異なる値（これを外れ値といいます）があると、相関係数に影響を及ぼすからです。たとえば、ある分析の結果として相関係数.779が得られたとしましょう。相関係数だけ見れば、強い相関があります。ですが、この場合の散布図を確認すると、図表8-4-1のようでした。

●図表8-4-1　外れ値の影響がある場合

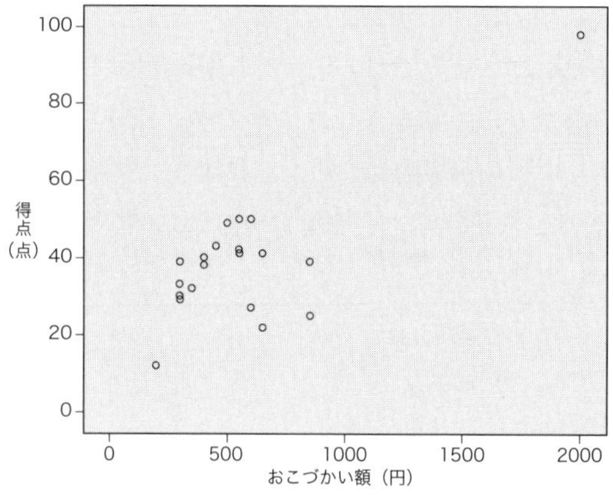

この場合、相関係数だけ見ると強い正の相関があると判断してしまいますが、散布図を確認すると、外れ値が影響していることがわかります。

そこで、外れ値を取り除いて再分析すると、相関係数は.211となります。先ほどの相関係数は.779でしたから、まるで違う値になっています。この場合の散布図を確認すると、図表8-4-2のようでした。

◉図表 8-4-2　外れ値の影響を除外した場合

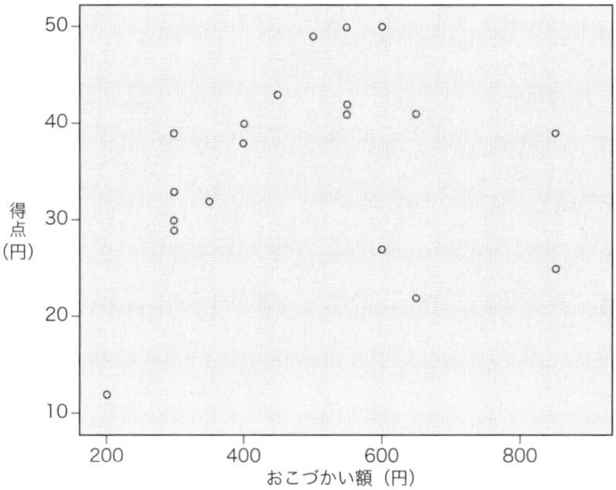

このように、相関係数は外れ値の影響を受けることで大きく変わってしまいます。そのため、相関係数だけ見て判断するのではなく、散布図を確認することが大事です。

なお、図表 8-4 は外れ値の影響で相関係数が大きくなった事例でしたが、外れ値の影響で相関係数が小さくなることもあります。

相関分析の結果の読み解き方

相関分析の結果を読み解いてみましょう。次の図表 8-5 は、筆者の研究論文を一部改変して掲載したものです。この研究では、子育てひろばの利用者の満足度に影響を及ぼす要因は何かを明らかにしました。ここでは、どのような要因が、どのくらい子育てひろばの利用者の満足度と関係しているのかを確認してみましょう。

図表 8-5 の「子育てに関する相談ができる」と「利用者の満足度」の関係を見てみましょう。この 2 つの変数の相関係数は .812 ですから、正の相関であることがわかります。また、「②相関係数の強さ」の基準を参考にすると、2 つの変数には強い相関があることがわかります。一方で、「ボランティアが参加している」と「利用者の満足度」の関係を見てみましょう。この 2 つの変数の相関係数は .199 ですから、正の相関であることがわかります。また、

◉図表 8-5　子育てひろばに対する利用者評価

	子育てに関する相談ができる	子どもの個性が尊重されている	親同士の仲間づくりを促してくれる	ボランティアが参加している	事故防止対策がなされている	利用者の満足度
子育てに関する相談ができる	1.000					
子どもの個性が尊重されている	.540	1.000				
親同士の仲間づくりを促してくれる	.445	.469	1.000			
ボランティアが参加している	.149	.304	.265	1.000		
事故防止対策がなされている	.404	.326	.399	.442	1.000	
利用者の満足度	.812	.672	.711	.199	.399	1.000

出所：浅井拓久也（2019）「地域子育て支援拠点の子育て支援に対する利用者満足度に影響を及ぼす要因」『秋草学園短期大学紀要 35 号』pp.1-13

「②相関係数の強さ」の基準を参考にすると、2 つの変数にはほとんど相関がないことがわかります。

このように、相関分析でわかった結果を見ることで、2 つの変数の関係性を理解することができます。なお、こうした結果から、子育てひろばで子育てに関する相談ができると利用者の満足度を高めることができる、と考えるのは正しくありません。そうかもしれないし、そうではないかもしれません。相関分析の結果だけではわからないということです。その理由は 110 ～ 112 ページの「相関関係と因果関係」で説明します。

さまざまな相関係数

① 4 つの尺度

前節では、相関係数の説明をしました。実は、相関係数は 1 つではありません。複数の相関係数を理解するためには、4 つの尺度の理解が必要になりますので、ここで復習しておきましょう（詳細は 8 ～ 13 ページ）。

まず、変数には「量的変数（計量データ）」と「質的変数（カテゴリーデータ）」

があります。等間隔性があるかないかで分かれます。もっと簡単にいうと、数字に意味があるかどうかで分かれます。たとえば、試験の得点やおこづかいの金額は数字に意味があります。試験の得点が50点か80点か、おこづかいの金額が毎月2000円か20000円かは、まるで意味が違います。つまり、数字に意味があるのです。だから、量的変数です。

一方で、たとえば、男性を１とし、女性を２とする、子育て経験があれば１とし、なければ２とするという場合の１や２という数字には意味がありません。１や２でなくても、４と５でもよいからです。つまり、数字に意味がないのです。だから、質的変数です。

量的変数には、「比例尺度」（比率尺度ともいいます）と「間隔尺度」があります。この２つの尺度は０に意味があるかないか（0がなしを意味するかどうか）で分かれます。たとえば、長さや体重が０であれば長さや体重がないことを意味します。だから、比例尺度です。

一方で、たとえば、試験の得点やおこづかいの金額が０であれば点数や金額がないのではなく、０点や０円であることを意味します。だから、間隔尺度です。なお、この２つの厳格な区分が必要な場合はそれほど多くありません。

質的変数には、「順序尺度」と「名義尺度」があります。この２つの尺度は順序や大小に意味があるかないかで分かれます。たとえば、成績（優、良、可、不可）や試験結果による学年順位は順序や大小に意味があります（等間隔ではないので間隔には意味がありません）。だから、順序尺度です。

一方で、たとえば、質問紙の回答者を性別で分類する際、男性を1、女性を２とするような場合は、数字は分類の都合上便宜的につけられたラベルであり、数字に意味はありません。だから、名義尺度です。

②３つの相関係数

ここまで説明してきた相関係数は、「Pearson（ピアソン）の積率相関係数」といいます。Pearsonの積率相関係数は、比例尺度や間隔尺度のような量的な変数同士の関係性を分析する際に使われる係数です。たとえば、国語の勉強時間（間隔尺度）と国語の試験の得点（間隔尺度）の関係を分析する場合です。Pearson の積率相関係数は、r と略記されます。

では、ほかにはどのような相関係数があるのでしょうか。「Spearman（スピアマン）の順位相関係数」と「Kendall（ケンドール）の順位相関係数」です。これらの係数は、量的変数と順序尺度の関係性、あるいは順序尺度同士の関係性を分析する際に使われる係数です。たとえば、国語がどのくらい好きかを５件法で質問し（順序尺度）、国語の試験の得点（間隔尺度）との関係を分析する場合です。Spearman の順位相関係数は、ρ（ローと読みます）と略記されます。Kendall の順位相関係数は、τ（タウと読みます）と略記されます。

相関関係と因果関係

相関関係の説明の最後に、相関関係と因果関係は違うということを説明しましょう。

たとえば、小学生を対象に友達の数と欠席数の相関分析をしたとします。その結果、友達が多いほど欠席が少ないということがわかったとします。相関係数も 0.8 あり、外れ値もなかったとします。この結果から、以下のような示唆を導いたとします。これは妥当でしょうか。

「小学校では、子どもが友達を作りやすい環境を用意することが大事である。なぜなら、友達が多いと欠席が減り、きちんと登校するようになるため、勉強や生活にもよい影響があるからだ。」

こうした議論はテレビや新聞でよく目にしますが、妥当ではありません。実は、これこそが相関関係と因果関係は違うということです。結論からいえば、相関関係は因果関係の一部（必要条件の一つ）であって、相関関係があれば因果関係があるとは限らないからです（因果関係があれば相関関係はあります）。

因果関係があるというためには、次の３つの必要条件が認められる必要があります。

・条件１　原因と考えられる変数が、結果と考えられる変数より時間的に先行していること
・条件２　原因と考えられる変数が、結果と考えられる変数と共変関係にあること
・条件３　交絡変数が統制されていること

条件１は、原因と考えられる変数が、結果と考えられる変数より先に発生していることです。条件２は、原因と考えられる変数と結果と考えられる変数に相関関係があることです。条件３は、原因と考えられる変数と結果と考えられる変数の両方に影響を及ぼしている別の変数（これを交絡変数、剰余変数、第３の変数といいます）がないことです。

３つの必要条件を見るとわかるのですが、相関関係があることは条件２を満たしているだけ、つまり相関関係は因果関係の一部に過ぎないため、相関関係があるからといって因果関係があるとはいえないのです。条件１と条件３を満たしているかがわからない限り、因果関係があるとはいえないのです。

条件１については、友達が多いほど欠席数が少ないともいえますが、欠席数が少ないから（毎日学校にいるのでたくさんの友達ができるから）友達が多いとも考えられます。つまり、条件１が成立していない可能性があります。

また、条件３については、社交的な性格という変数が影響を及ぼしているかもしれません。社交的な性格だから友達を作りやすく友達が多くなり、同時に社交的な性格だから欠席しないで毎日登校する（学校に行くことを嫌がらない）とも考えられます。つまり、条件３も成立していない可能性があります。

なお、条件３のように、２つの変数以外の第３の変数が両方の変数に影響を及ぼすことを「擬似相関」といいます。朝ごはんを食べる子どもほど成績がよいというのも擬似相関です。なぜなら、第３の変数として生活習慣の確立が考えられるからです。生活習慣が確立されていれば、朝ごはんをきちんと食べるでしょうし、勉強もしっかりするでしょうから成績も上がります。

このように、相関関係があるというだけでは因果関係があるとはいえないのです。因果関係を明らかにすることは、実はとても難しく、大変なことな

のです。

(2) 事例：保育士のやりがいと関係のある要因は？

調査概要と分析結果

こころ保育園では、保育士のやりがいを大事にしています。そこで、保育士のやりがいとどのような要因が関係しているのか相関分析を使って調べることにしました。具体的には、こころ保育園を含む法人全体の保育所に勤務する保育士 115 名を調査対象として、「保育士としてのやりがい」「給与」「勤務時間」「職場の人間関係」「研修体制」「いまの職場に対する総合的な満足度」に対する満足度調査を行いました。各質問項目に対する満足度は、「1. まったく満足していない　2. あまり満足していない　3. どちらでもない　4. まあ満足している　5. とても満足している」の５件法で質問しました。

次の図表 8-6 は、調査結果を相関分析した結果です。なお、図表 8-6 では、「保育士としてのやりがい」は「やりがい」、「職場の人間関係」は「人間関係」、「いまの職場に対する総合的な満足度」は「満足度」と略記してあります。また、p 値に関しては次章で説明するため、ここでは削除してあります （117 ～ 118 ページ）。

●図表 8-6　相関分析の結果

	やりがい	給与	勤務時間	人間関係	研修体制	満足度
やりがい	1.000					
給与	.307	1.000				
勤務時間	.257	.167	1.000			
人間関係	.561	.339	.187	1.000		
研修体制	.177	.184	.096	.251	1.000	
満足度	.488	.435	.301	.555	.086	1.000

図表 8-6 を見ると、保育士のやりがいと最も強い相関がある要因は職場の人間関係であることがわかります（相関係数は .561）。職場の人間関係に対す

る満足度が上がるほど、保育士としてのやりがいも上がることを意味しています。

職場の人間関係のほかには、給与、勤務時間、職場に対する総合的な満足度も、保育士としてのやりがいと関係があることがわかります（それぞれの相関係数は .307、.257、.488）。また、保育士としてのやりがいと研修体制に対する満足度は相関係数が .177 ですから、この２つはあまり関係がないことがわかります。

平均と相関係数

保育所に限らず、どの組織にもさまざまな問題があります。そこで、平均値と相関係数を比較することで、どの問題から取り組めばよいかわかるようになります。

まず、「保育士としてのやりがい」「給与」「勤務時間」「職場の人間関係」「研修体制」「いまの職場に対する総合的な満足度」それぞれの項目の満足度の平均値と、5 項目の平均値を算出します。次に、全体の満足度を意味する「いまの職場に対する総合的な満足度」とその他の 5 項目の相関係数を算出します。これによって、どの項目が全体の満足度と関係があるのかがわかります。

次の図表 8-7 は、その結果をまとめたものです。表内の略記は図表 8-6 と同様です。

●図表 8-7　平均値と相関係数

	平均値	相関係数
やりがい	3.27	.488
給与	3.16	.435
勤務時間	3.67	.301
人間関係	3.10	.555
研修体制	2.99	.086
	3.23	

図表 8-7 を見ると、職場の総合的な満足度と最も関係が強い項目は職場の人間関係であることがわかります（相関係数は .555)。一方で、職場の人間関係の平均値（3.10）は全５項目の平均値（3.23）を下回っています。つまり、全体の満足度と最も関係のある項目の満足度が低いということです。

こうした箇所こそ、最優先に取り組む問題の候補となります。なぜなら、職場の人間関係は全体の満足度と最も関係がある項目ですから、ここを改善すれば全体の満足度が上がる可能性があるからです。保育所では職場に対する満足度が職員の定着率と関係があるとすると、職場の満足度が高くなれば離職率を低下させる（職員の定着率を高める）ことができるかもしれないのです。

第９章
12月！ クリスマス会――何が保護者の満足度を高めるのか !?

本章では、物事のつながりの一つである原因と結果の関係、すなわち因果関係を学びます。因果関係をきちんと把握したうえで対策や打ち手を考えることで、問題や課題を確実に解決することができます。

(1) 重回帰分析とは

回帰分析

回帰分析とは、独立変数から従属変数を予測する分析方法です。独立変数が１つであれば「単回帰分析」、2つ以上であれば「重回帰分析」といいます。

まず、独立変数と従属変数とは何かについて説明します。「独立変数」とは、因果関係の文脈では分析者（以降では分析をする人のことを分析者とします）が原因と考える変数であり、分析者が設定することができる変数のことです。説明変数ともいわれます。

一方で、「従属変数」とは、因果関係の文脈では分析者が結果と考える変数であり、分析者が予測したい変数のことです。独立変数の変化に応じて変わるので、従属変数といわれます。目的変数ともいわれます。

次に、回帰分析の目的を相関分析と比べながら説明します。前章では、相関分析を通して、２つの変数のつながり方とその強さがわかることを説明しました。これから説明する回帰分析では、２つの変数間のつながりの強さだけではなく、１つの変数（独立変数）の値を変えた場合、もう１つの変数（従属変数）の値がどのくらい変わるのかがわかります。だから、たとえば、回帰分析を使うと、どのくらい試験勉強をすると（独立変数）、どのくらい試験の得点が上がるか（従属変数）を明らかにすることができます。

このように、回帰分析を使うことで、相関分析ではわからなかった因果関係を明らかにすることができます。

重回帰分析の結果の読み解き方

重回帰分析の結果を読み解いてみましょう。次の図表9-1は、筆者の研究論文から引用したものです。この研究では、保育実習（保育所）の訪問指導時に教員が行うさまざまな指導のなかで、実習生はどの指導を意義あるものと考えたのかを明らかにしました。教員のさまざまな指導を独立変数、実習生が感じた訪問指導の意義を従属変数としました。ここでは、どのような指導が、どのくらい役立ったと判断されたのかを確認してみましょう。

①回帰係数

重回帰分析の結果を読み解く際は、まず回帰係数と書いてある箇所を確認します。「非標準化」とは、独立変数が１増えると、従属変数がどのくらい増えるか（減るか）を示しています。ですから、訪問指導時に教員が指導と

◉図表 9-1　訪問指導の意義を規定する要因

従属変数：訪問指導の意義	回帰係数				
独立変数	非標準化（*B*）	*β*	有意確率	| *t* |	VIF
実習中の不安や緊張をほぐし、励ました	.780	.443	***	8.455	2.190
実習施設との調整や実習生の代弁をした	.794	.343	***	5.684	2.903
実習の実際の様子を参観し、助言や指導をした	.730	.316	***	6.210	2.070
保育に対する振り返りや今後の展開の助言や指導をした	.832	.298	***	6.206	1.845
実習生としての実習に対する姿勢や課題を再確認した	.324	.149	*	2.578	2.682
R^2（調整済み R^2）	.844 (.706)				
F (5, 230)	113.904*				

除かれた変数：実習日誌や指導案に対する助言や指導をした、実習に関する学内ルールや事務手続きの説明をした（除去基準：$p > .05$）
$^{***}p < .001$　$^{*}p < .05$
出所：浅井拓久也・浅井かおり（2019）「保育所実習における訪問指導のあり方の検討：実習生にとっての訪問指導の意義に着目して」『東京未来大学保育・教職センター紀要（6）』pp.1-10

して「実習中の不安や緊張をほぐし、励ました」をすると、実習生が訪問指導の意義を 0.780 高く感じるということです。

ただし、重回帰分析の結果である非標準化回帰係数は、他の独立変数の影響を統制した結果、つまりほかの独立変数が一定であるとした場合のその変数の影響（その独立変数単独の効果）を示しています。そのため、独立変数同士の非標準化回帰係数の大きさを比較することに意味はありません。なお、単回帰分析の係数は回帰係数、重回帰分析では偏回帰係数といいます。

では、どうすれば独立変数同士の比較ができるのかというと、非標準化回帰係数の右にある β の数字を見ます。この β は「標準化回帰係数」といいます。詳細は省きますが、回帰係数が標準化されることで、独立変数同士の影響力を比べることができるようになります。そのため、図表 9-1 から、実習生が最も意義を感じる指導は、「実習中の不安や緊張をほぐし、励ました」ことであるわかります。

② p 値

ところで、回帰係数にはアスタリスクがついています。これは、統計的に有意か否かを意味しています。簡単にいえば、その独立変数は単なる偶然ではなく、本当に従属変数に影響を及ぼしているのかどうかということです。アスタリスクがついていれば、その独立変数は従属変数に影響を及ぼしているということです。図表9-1の独立変数にはすべてアスタリスクがついていますから、本当に従属変数に影響を及ぼしているということです。

図表1の枠外には、$^{***}p < .001$ や $^{*}p < .05$ とあります。これは、有意確率を意味しています。有意確率が0.001未満だとアスタリスクを3つ（0.1%水準で有意といいます）、0.01未満だとアスタリスクを2つ（1%水準で有意といいます）、0.05未満だとアスタリスクを1つ（5%水準で有意といいます）つけます。有意確率が0.1未満の場合は†（ダガーと読みます）をつける（10%水準で有意といいます）こともあります。10%水準で有意は、サンプル数が少ない状態で分析をする際に見られます。

一般的に、5%水準で有意であれば、独立変数は本当に従属変数に影響を及ぼしているといえます。図表9-1では、4つの独立変数が0.1%水準で有意、1つの独立変数が5%水準で有意ですから、5つの独立変数は本当に従属変数に影響を及ぼしているといえます。

③ R^2（調整済み R^2）

次に、R^2（調整済み R^2）の数字を確認します。R^2 は、R二乗値と読みます。調整済み R^2 は、調整済み（あるいは修正）R二乗値と読みます。R^2 は、決定係数を意味します。調整済み R^2 とは、自由度調整済み決定係数を意味します。決定係数とは、重回帰分析をする際に投入した独立変数で従属変数の分散の何%を説明できるかを示した数字です。図表9-1では.844（.706）なので、5つの独立変数で従属変数の88.4%（70.6%）説明できるということです。R^2（調整済み R^2）の数字が大きいほど分析モデルとして良好となります。重回帰分析をする際は、いくつかの分析モデルを作り、どの分析モデルがよりよいかを考えます。R^2（調整済み R^2）の数字は、分析モデルを選択する際の指標になります。

重回帰分析の結果を読み解く際は、まずは回帰係数、次に R^2（調整済み R^2）を確認すれば、分析結果の多くを理解することができます。

なお、表外にある「除かれた変数」とは分析の過程で除外された独立変数のことです。実は、重回帰分析を行う際には独立変数の選択方法を決める必要があります。独立変数の選択方法として、すべての独立変数で重回帰式を作る強制投入法、重回帰式に対して変数を足したり引いたりする変数増加法と変数減少法、独立変数を１つずつ足したり引いたりしながら最適なモデルを探索するステップワイズ法があります。一般的に最も効率がよいとされているのが、ステップワイズ法です。図表9-1はステップワイズ法を選択した結果ですから、ステップワイズ法によって除去された独立変数が「除去された独立変数」となります。

回帰分析の留意点

回帰分析はとても有益な分析方法ですが、留意点があります。

①回帰分析をすれば因果関係がわかるわけではない

回帰分析すれば「自動的に」因果関係がわかるわけではないことです。何を独立変数とするのか、何を従属変数とするのかは、回帰分析の前に分析者が決める必要があります。つまり、回帰分析の前に分析者が因果関係のモデルを考える必要があります。だから、回帰分析は、分析者が仮説的に設定した因果関係のモデルを検証する際に使える分析というだけであって、回帰分析をすれば因果関係がわかるということではありません。実際は、因果関係を突き止めるのは容易ではありません。

②回帰分析は直線関係を前提にしている

相関分析の説明の際も、相関分析はＵ字や逆Ｕ字を前提とせず、直線関係を前提とすると説明しました。同じことが回帰分析にもいえます。散布図を確認して、データの分布がＵ字や逆Ｕ字になっている場合は、回帰分析は使うことができません。

③従属変数は量的変数である必要があります

回帰分析で使用する従属変数は量的変数（比例尺度か間隔尺度）である必

要があります。なお、独立変数は量的でも質的でもかまいません。質的変数、特に男性に1、女性に2をラベルするような名義尺度を「ダミー変数」といいます。もちろん、独立変数としてダミー変数を使うこともできます。

④多重共線性の問題

図表9-1には、VIF（Variance Inflation Factor）という数字が掲載されています。VIFは、分散増幅因子といいます。VIFは多重共線性の有無を判断するための数字です。多重共線性とは、独立変数間の相関関係が強すぎて、偏回帰係数を正しく算出できない問題のことです。多重共線性の問題が生じているかどうかを確認するためには、VIFの値を確認するとよいでしょう。VIFの値が4を最大として2未満であることが好ましいとされています。VIFの値が高い場合は、投入した独立変数の中から相関関係の強い変数を除外して再分析します。なお、VIFはサンプル数にも影響を受けるので、単純に独立変数を減らせばよいということでもありません。

⑤サンプル数は独立変数の10倍以上が好ましい

VIFの説明の際にサンプル数について触れましたが、重回帰分析を行う際のサンプル数は独立変数の10倍以上が望ましいといわれています。サンプル数が少ないときは、独立変数を減らしたり、従属変数との相関関係が強い変数を優先的に選択したりするようにして対処します。

（2）事例：クリスマス会の満足度を高める要因は？

調査概要と分析結果

こころ保育園では、今年もクリスマス会を開催しました。保護者もとても楽しんだようです。そこで、クリスマス会の何に、どのくらい保護者は満足したのかを調査することにしました。保護者が満足していることはこれからも大事にしていき、あまり満足していないことは改善するか廃止することを検討することで、限られた園のリソースを有効に使うことにつながります。

今回の調査では、保護者178名を調査対象としました（質問紙に回答した保護者が178名ということです)。また、どのような要因がクリスマス会の満足度に影響を及ぼすのか知りたいので、重回帰分析（ステップワイズ法）を使うことにします。

そこで、まず、独立変数として、「クリスマス会の開催日時」「クリスマス会の時間（開会から閉会までの時間）」「室内装飾」「子どもの発表」「保育者の発表」「保護者交流会（クリスマス会のなかで実施した保護者同士の交流会）」を設定しました。各項目に対する満足度は、「1. まったく満足していない　2. あまり満足していない　3. どちらでもない　4. まあ満足している　5. とても満足している」の5件法で質問しました。

次に、従属変数として、「クリスマス会全体の保護者の満足度」を設定しました。この質問項目に対する満足度も、独立変数と同様に5件法としました。

次の図表9-2は、重回帰分析の結果です。なお、図表9-2では、「クリスマス会の開催日時」は「日時」、「クリスマス会の時間（開会から閉会までの時間）」は「会の時間」、「保護者交流会（クリスマス会のなかで実施した保護者同士の交流会）」は「保護者交流会」、「クリスマス会全体の満足度」は「保護者の満足度」と略記してあります。

●図表9-2　保護者の満足度を規定する要因

従属変数：保護者の満足度	回帰係数				
独立変数	非標準化（*B*）	β	有意確率	$\|t\|$	VIF
子どもの発表	.418	.438	***	10.081	1.767
日時	.285	.394	***	11.075	1.187
保護者交流会	.315	.301	***	6.878	1.798
保育者の発表	.059	.073	*	2.185	1.041
R^2（調整済み R^2）	.816 (.811)				
F (4, 173)	191.199*				

除かれた変数：会の時間、室内装飾　（除去基準：$p > .05$）
***$p < .001$　*$p < .05$

図表9-2を見ると、3つのことがわかります。

①統計的に有意な独立変数

「子どもの発表」「日時」「保護者交流会」「保育者の発表」はクリスマス会に対する保護者の満足度に影響を及ぼしています。

まず、クリスマス会の主役は子ども（わが子の晴れ舞台！）ですから、子どもの発表は保護者の満足度に最も大きく影響を及ぼしています（β 値は .438）。また、保育所に子どもを預ける保護者の多くは共働きですから、クリスマス会がいつ開催されるかという日時も保護者の満足度に大きな影響を及ぼしています（β 値は .394）。さらに、子育ての息抜き、ママ友を作る機会、子育ての情報の場になることから、保護者の交流会も保護者の満足度に影響を及ぼしています（β 値は .301）。最後に、保育者の発表も保育者の満足度に影響を及ぼしていますが、ほかの独立変数と比べて、それほど大きな影響ではありません（β 値は .073）。

この分析モデルを前提にすれば、子どもの発表や保護者交流会に力を入れると、保護者の満足度を高めることができそうです。また、クリスマス会の日時の設定にも気を配る必要があります。保育所の保護者は共働きであることが多いので、いつクリスマス会を開催するかは慎重に検討する方がよさそうです。

なお、これら4つの独立変数のVIFはいずれも2未満ですから、多重共線性の問題はないことがわかります。

②モデル適合度と有意性

R^2 と調整済み R^2 を見ると、それぞれ .816 と .811 となっています。今回の分析で投入した独立変数で、従属変数の 81.6%（81.1%）の説明ができるということです。比較的十分な説明ができるようです。

また、F値にはアスタリスクがついています。これは、5%水準で有意であることを意味しています。つまり、この分析モデルは5%水準で有意であるということです。

③除外された独立変数

「会の時間」や「室内装飾」は保護者の満足度に影響を及ぼしていません。

図表9-2の下部に、ステップワイズ法によって除去された変数として記載されています。この分析モデルを前提にすれば、会の時間を再検討したり、室内装飾のための製作物をたくさん（凝って）作ったりする必要はなさそうです。

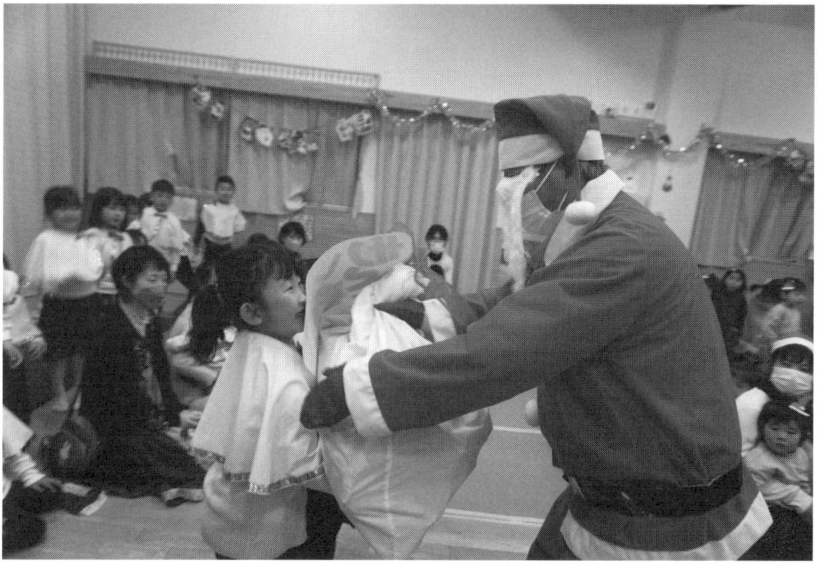

(3) 順序尺度を間隔尺度として扱う

重回帰分析を行う際は、従属変数が量的変数である必要があります。ところが、この事例では、クリスマス会全体の満足度も含めて各質問項目の回答を５件法によって求めています。５件法は、各選択肢の間隔が等間隔である保証はありませんから順序尺度となります。順序尺度は質的変数ですから、従属変数が質的変数になるため重回帰分析はできないのではないでしょうか。

実は、統計分析をする際は、順序尺度を間隔尺度として扱うことがあります。こうすることで、順序尺度という質的変数を間隔尺度という量的変数とすることができ、分析の幅が広がるからです。尺度には序列（優劣）があります。質的変数より量的変数の方が優位なのです。より詳しく説明すると、比例尺度 > 間隔尺度 > 順序尺度 > 名義尺度という序列になっています。なぜこうした序列があるのかというと、質的変数より量的変数の方ができることが多いからです。上位にある尺度は下位にある尺度ができることはすべてできるのです。だから、こうした序列があります。

そのため、多くの研究で、５件法（リッカート法）で尋ねた質問項目を順序尺度ではなく、間隔尺度とみなして分析しているのです。そうすることで、順序尺度として扱ったのではできなかった、より多くの分析が可能になるからです。もちろん、どのような場合でもこうしたことが可能になるわけではありません。母集団の正規性やサンプル数等、確認すべきことがあります。こうした問題がない場合は、順序尺度を間隔尺度として扱って分析します。

以上の理由から、この事例でも５件法で尋ねた回答（順序尺度）を間隔尺度とみなして重回帰分析を行っています。もちろん、クリスマス会全体の満足度を 100 点満点中何点という質問の仕方をすれば、得られた回答は量的変数ですから、こうした「みなし」の問題はなくなります。

ちなみに、前章第２節では、「保育士としてのやりがい」「給与」「勤務時間」「職場の人間関係」「研修体制」「いまの職場に対する総合的な満足度」それぞれの項目の満足度を５件法で尋ねて、相関分析を行いました（112 ～ 114 ページ）。５件法ですから、順序尺度です。一方で、分析結果として算出された相関係数は、Pearson（ピアソン）の積率相関係数です。Pearson の積率相関係数は、間隔尺度や比例尺度のような量的な変数同士の関係性を分析する際に使われるものです。矛盾しているとも思えるこの分析は、順序尺度を間隔尺度とみなして分析をすることで可能となるのです。

第 10 章

1 月！ 継続意向調査——保育者をやめてしまう本当の理由は !?

本章では、前章から引き続き因果関係を学びます。分析に使う変数の特徴によって使い分けが必要になりますが、ロジスティック回帰分析は回帰分析と基本的な発想は同じです。どちらも因果関係を理解するための方法です。

(1) ロジスティック回帰分析とは

もう 1 つの回帰分析

回帰分析には、単回帰分析と重回帰分析以外の方法がもう 1 つあります。

それが、ロジスティック回帰分析です。「ロジスティック回帰分析」とは、独立変数から従属変数を予測する分析方法です。従属変数の値が３つ以上の場合、多項（多重）ロジスティック回帰分析といいます。たとえば、従属変数が保育士試験を「受ける」「悩んでいる」「受けない」のような場合です。

ロジスティック回帰分析の目的は、回帰分析と同じように、1つの変数（独立変数）の値を変えた場合、もう１つの変数（従属変数）の値がどのくらい変化するのかを知ることです。

では、ロジスティック回帰分析と回帰分析の違いは何でしょうか。回帰分析は従属変数が量的変数である必要がありますが、ロジスティック回帰は従属変数が質的変数である必要があるということです。だから、たとえば、保育士試験に合格するための要因を調べるために、独立変数として勉強時間や現在の就業の有無（ダミー変数になります）などを投入して、従属変数として保育士試験に合格した人を1、不合格だった人を0とするような分析が可能になります。従属変数の１や２の数字に意味はありませんから、名義尺度です。前章で説明したように、名義尺度は質的変数です。ですから、ロジスティック回帰分析となります。

ここでは、従属変数が名義尺度のロジスティック回帰分析について説明します。なお、従属変数が順序尺度の際に使用することができる順序ロジスティック回帰分析に関する説明は省略しますので、必要があればどのような分析方法か調べて活用してみてください。

ロジスティック回帰分析の結果の読み解き方

ロジスティック回帰分析の結果を読み解いてみましょう。次の図表10-1は、ロジスティック回帰分析を用いた研究論文を一部改変して掲載したものです。この研究では、小中学生のおこづかいの金額を決める要因とおこづかいが小中学生の行動に与える影響が明らかされています。ここでは、どのような要因が、どのくらいおこづかいの無駄づかい防止につながるのかを確認してみましょう。

◉図表 10-1　無駄づかい防止を規定する要因

	モデル 1		
	回帰係数	オッズ比	
女子ダミー	0.252	1.287	**
大都市ダミー	0.252	1.286	*
中都市ダミー	0.153	1.165	
小 5 ダミー	-0.020	0.980	
小 6 ダミー	-0.143	0.867	
一週間通塾日数	0.033	1.034	
親から本を読んでもらったダミー	0.310	1.363	***
親が勉強を教えてくれるダミー	0.315	1.370	***
親は悪いことを叱るダミー	0.185	1.203	
おこづかい額（千円単位）	-0.117	0.889	***
(定数)	0.758	2.135	***
Nagelkerke 決定係数	0.037		
尤度比のカイ二乗検定	p = 0.000		
N	3591		

*：$p < 0.05$, **：$p < 0.01$, ***：$p < 0.001$

出所：鶴薗佳菜子・山口泰史・鈴木翔・武田真梨子・須藤康介（2013）「家庭の教育戦略としてのおこづかい：全国小中学生データの計量分析」『東京大学大学院教育学研究科紀要 52』pp.157-167

①回帰係数

図表 10-1 の回帰係数は、偏回帰係数を意味しています。独立変数（量的データ）が 1 上がると、回帰式がどのくらい大きくなるかを示しています。ただし、重回帰分析と同じように、標準化されていない回帰係数のため、独立変数同士で効果を比較することはできません。

回帰係数の符号を見ると、独立変数の従属変数に対する関係がわかります。回帰係数が正の値であれば、従属変数を選択しやすくなるということです。図表 10-1 の場合は、独立変数が正の値であれば無駄づかい防止になり、負の値であれば無駄づかい防止にならないということです。

②オッズ比

ロジスティック回帰分析には、回帰分析にはない数字があります。それが、「オッズ比」です。Exp（B）と略記されることもあります。オッズ比は、偏回帰係数を指数関数に変換した数字です。もっと簡単にいうと、他の独立変数が一定の場合、ある独立変数が１増加したときに、増加前と比べてオッズが何倍になるかを示したものです。オッズ比を見ることで、回帰分析と同じように、ほかの独立変数の効果を除外したその独立変数単独の効果がわかります。

では、図表10-1のオッズ比を見てきましょう。女子は男子に比べて1.287倍無駄づかいをしないことや、大都市に住んでいるとそうではない場合と比べて1.286倍無駄遣いをしないということがわかります。これと同様に、親から本を読んでもらうとそうではない場合と比べて1.363倍、親が勉強を教えてくれるとそうではない場合と比べて1.370倍無駄づかいしないことがわかります。親が子どもに本を読んだり勉強を教えたりする教育的な関与があると、子どもは無駄づかいしなくなるようです。

おこづかいの金額も確認してみましょう。おこづかい額が１増えると（1000円増えると）、0.889倍無駄づかいをしなくなることがわかります。オッズ比が１より小さいということは、おづかいが増えるほど無駄づかいをする、あるいはおづかいが少ないほど無駄づかいをしない（そもそもできない）ということです。

以上で取り上げた独立変数にはアスタリスクがついています。アスタリスクの意味は、前章で説明した通りです。「女性」は1%水準で有意、「大都市」は5%水準で有意、「親から本を読んでもらう」「親が勉強を教えてくれる」「おこづかい額」は0.1%で有意ということです。つまり、これらの独立変数は、偶然ではなく本当に従属変数に影響があるということです。

なお、Nagelkerke決定係数は、重回帰分析の決定係数に相当するものです。投入した独立変数で従属変数の分散をどの程度説明できるかを示しています。図表10-1では、投入した独立変数で従属変数の3.7%説明できているということです。また、尤度比（ゆうどひ）のカイ二乗検定は、重回帰分析の回帰のＦ検定に相当するものです。$p < 0.05$未満であれば、投入した独立変

数によって従属変数を説明できるということです。

③練習問題

ここまで、ロジスティック回帰分析の読み解き方を説明してきました。最後に、もう１つロジスティック回帰分析の結果を掲載しますので、読み解いてみてください。

●図表 10-2　決まりを守る行動を規定する要因

	モデル 2		
	回帰係数	オッズ比	
女子ダミー	0.202	1.224	**
大都市ダミー	-0.272	0.762	**
中都市ダミー	0.129	1.137	
中 2 ダミー	0.278	1.320	**
中 3 ダミー	0.585	1.795	***
一週間通塾日数	0.036	1.037	
親から本を読んでもらったダミー	0.390	1.47	***
親が勉強を教えてくれるダミー	0.426	1.531	***
親は悪いことを叱るダミー	0.068	1.071	
おこづかい額（千円単位）	-0.117	0.926	**
(定数)	0.221	1.247	
Nagelkerke 決定係数	0.059		
尤度比のカイ二乗検定	p = 0.000		
N	3709		

* : $p < 0.05$, ** : $p < 0.01$, *** : $p < 0.001$

出所：鶴薗佳菜子・山口泰史・鈴木翔・武田真梨子・須藤康介（2013）「家庭の教育戦略としてのおこづかい：全国小中学生データの計量分析」『東京大学大学院教育学研究科紀要 52』pp.157-167

ロジスティック回帰分析の留意点

ロジスティック回帰分析の留意点は重回帰分析とほぼ同じです。たとえば、独立変数間の相関関係が強すぎると多重共線性が生じてしまいます。そのため、重回帰分析のときと同様に、投入した独立変数の中から相関関係の強い変数を除外して再分析します。

一方で、ロジスティック回帰分析ならではの留意点もあります。多項ロジスティック回帰分析では、参照（基準）カテゴリがあります。そのため、参照カテゴリと比較して分析結果を読み解く必要があります。たとえば、従属変数が保育士試験を「受ける」「悩んでいる」「受けない」ような場合、基準カテゴリが「受けない」というとき、「受けない」と比べて「受ける」ではどうか、「受けない」と比べて「悩んでいる」はどうかという読み解き方をします。

具体的な事例を見てみましょう。図表10-3は、筆者の研究論文からの引用です。この研究では、保育者養成校の学生を調査対象として、保育者としての想定就労年数と結婚に対する考え方（結婚して退職するのか、結婚しても復職するのか）の関係を明らかにしました。

●図表10-3　想定就労年数と結婚に対する考え方の関係

想定年数		B	標準誤差	Wald	*p* 値	オッズ比	95% 信頼区間	
							下限	上限
1～2年	結婚＆退職	2.169	0.996	4.739	.029 *	8.750	1.241	61.683
	結婚＆復職	-0.827	1.009	0.671	.413	0.438	0.061	3.160
3～5年	結婚＆退職	0.560	1.009	0.308	.579	1.750	0.242	12.642
	結婚＆復職	0.965	0.659	2.143	.143	2.625	0.721	9.555
10年以上	結婚＆退職	-0.539	1.345	0.161	.689	0.583	0.042	8.146
	結婚＆復職	1.540	0.682	5.095	.024 *	4.667	1.225	17.780

参照カテゴリ：6～9年
*$p < .05$
出所：浅井拓久也（2021）「保育者養成校学生のキャリア形成に関する予備的な研究：結婚と復職に対する考え方に着目して」『保育と保健 27（2）』日本保育保健協議会、pp.37-40

図表10-3には、下部に「参照カテゴリ：6～9年」とあります。これが、基準カテゴリです。「6～9年」と「1～2年」を比較すると、就職前に「結婚＆退職」を考えている学生は保育者としての就労年数として8.750倍「1～2年」という短期間を選択しやすいということがわかります。一方で、「6～9年」と「10年以上」を比較すると、就職前に「結婚＆復職」を考えている学生は保育者としての就労年数として4.667倍「10年以上」という長期間を選択しやすいことがわかります。つまり、保育者としての想定就労年数には学生が結婚についてどのように考えているのかが影響を及ぼしていることがわかります。

このように、多項ロジスティック回帰分析では基準カテゴリと比較して分析結果を読み解くようにしましょう。

(2) 事例：来年度も保育士を続ける？

▶調査概要と分析結果

こころ保育園では、1月になると保育士を対象に、次年度も継続して勤務を希望するか否かの継続意向調査を実施しています。そこで、どのような要因が、どのくらい就業継続につながるのかを調査することにしました。どの園の経営者も、保育士不足で頭を悩ませています。この調査によって、何を改善すれば保育士の定着につながるかがわかり、より効果的な改善策を考えることができます。

今回の調査では、第8章でも使用したデータを使います。こころ保育園の含む法人全体の保育所に勤務する保育士115名が調査対象です。また、どのような要因が就業継続に影響を及ぼすのか知りたいので、多重ロジスティック回帰分析を使うことにします。

そこで、まず、独立変数として、「保育士としてのやりがい」「給与」「勤務時間」「職場の人間関係」「研修体制」に対する満足度調査の結果を設定しました。第8章と同様に、各質問項目の満足度は、「1. まったく満足していない　2. あまり満足していない　3. どちらでもない　4. まあ満足している　5. とても満足している」の5件法で質問しました。

次に、従属変数として、「就業継続の意向」を設定しました。「就業継続の意向」は、「就業継続を希望しない」を参照カテゴリとして、「就業継続を希望する」「就業継続を悩んでいる」の3つの選択肢としました。

次の図表10-4は、多重ロジスティック回帰分析の結果です。なお、図表10-4では、「保育士としてのやりがい」は「やりがい」、「職場の人間関係」は「人間関係」、「就業継続を希望する」は「継続する」、「就業継続を悩んでいる」は「悩んでいる」、「就業継続を希望しない」は「継続しない」と略記してあります。

図表10-4を見ると、3つのことがわかります。

①「やりがい」

保育士としてやりがいを感じていることは、就業継続につながることがわかります。「継続しない」と「継続する」を比べると、やりがいを感じている保育士は2.449倍継続しやすくなります。一方で、「継続しない」と「悩んでいる」を比べてみると、やりがいを感じることは統計的に有意ではありませんでした。

◉図表 10-4　就業継続を規定する要因

就業継続		B	標準誤差	Wald	p 値	オッズ比	95% 信頼区間	
							下限	上限
継続する	やりがい	.896	.313	8.175	.004 **	2.449	1.325	4.525
	給与	1.586	.418	14.357	.000 ***	4.882	2.150	11.086
	勤務時間	-.152	.400	.145	.704	.859	.392	1.882
	人間関係	1.125	.407	7.645	.006 **	3.080	1.388	6.837
	研修体制	-.253	.304	.693	.405	.777	.428	1.409
悩んでいる	やりがい	.196	.260	.566	.452	1.216	.731	2.024
	給与	1.053	.372	8.000	.005 **	2.865	1.382	5.941
	勤務時間	-.019	.332	.003	.955	.981	.512	1.882
	人間関係	.954	.353	7.308	.007 **	2.595	1.300	5.182
	研修体制	.019	.264	.005	.941	1.020	.608	1.711

参照カテゴリ：継続しない
***p < .001　**p < .01

② 「給与」

給与に対する満足度が就業継続につながることがわかります。「継続しない」と「継続する」を比べると、給与に対する満足度が 1 つ上がると 4.882 倍就業継続しやすくなります。「継続しない」と「悩んでいる」を比べてみても、給与に対する満足度が 1 つ上がると 2.865 倍悩んでいるになりやすくなります。悩んでいるというのは継続する可能性を含んでいますから、給与に対する満足度は就業継続につながる要因であるといえます。

③ 「人間関係」

職員の人間関係に対する満足度が就業継続につながることがわかります。「継続しない」と「継続する」を比べると、職員の人間関係に対する満足度が 1 つ上がると 3.080 倍就業継続しやすくなります。「継続しない」と「悩んでいる」を比べてみても、職員の人間関係に対する満足度が 1 つ上がると 2.595 倍悩んでいるになりやすくなります。給与と同様に、悩んでいるというのは継続する可能性を含んでいますから、人間関係に対する満足度は就業継続につながる要因であるといえます。

以上をまとめると、職員の定着率を高めるためには、保育士としてのやりがいを感じることができるようにすることや、給与や職場の人間関係に対する満足度を高めることが重要な要因であることがわかります。

なお、この分析モデルの Nagelkerke 決定係数は .500 でした。つまり、今回の分析で投入した独立変数で従属変数の 50.0％説明できているということです。また、尤度比のカイ二乗検定は .000 であり、$p < 0.05$ 未満でしたので、投入した独立変数によって従属変数を説明できています。

参照カテゴリの設定

今回の分析では、「就業継続を希望しない」を参照カテゴリとして、就業継続を規定する（つながる）要因を明らかにしました。では、「就業継続を希望する」を参照カテゴリとして、就業継続を希望しない、つまり離職につながる要因を明らかにすることはできるのでしょうか。

結論から言えば、できます。なぜなら、参照カテゴリは分析者が任意に変えることができるからです。そのため、今回の分析でも、「就業継続を希望する」を参照カテゴリにして分析をすることもできるのです。

なお、参照カテゴリを変えると、分析結果も変わります。参照カテゴリを変えて分析結果を見比べることで、分析結果に対する理解が深まります。

Column

因子分析とは

①因子分析

本編では、相関分析、回帰分析、ロジスティック回帰分析を説明しました。これら3つの分析方法はよく使われるものです。ここでは、よく使われる分析方法をもう一つ紹介しましょう。それが、因子分析です。

「因子分析」とは、質問紙調査等で測定できる変数の背後にある潜在的な変数を明らかにする分析のことです。たとえば、英語の試験をしたとしましょう。リーディング問題、ライティング問題、リスニング問題、スピーキング問題で構成されており、それぞれ得点がでてきます。この4つの問題は量的変数です。得点がでてくるのですから、当然測定できます。

では、この4つの問題（変数）からわかることは何でしょうか。別の言い方をすると、この4つの変数の背後にある、直接は測定できない変数は何でしょうか。それは、英語力です。英語力のような抽象的な力は直接測定できません。ですが、先の4つの問題を解き、それぞれの得点を合計すると、英語力が推察できます。因子分析は、こうした測定できる変数の背後にある変数を明らかにする分析方法です。

なお、因子分析で抽出された因子には、分析者が命名します。因子に含まれる変数をよく見て、適切な命名をする必要があります。

②事例

筆者の研究論文から事例を使って説明しましょう。この研究は、放課後児童クラブを利用する保護者の満足度に影響を及ぼす要因を明らかにするために行った研究です。質問紙調査で得た回答を使って因子分析を行いました。その結果の一つが、「学習支援」です。「学習支援」という因子が、保護者の満足度を高める要因の一つでした。

このとき、直接測定できる変数は、「子どもがじっくり考えることができる環境である。」「子どもが学習しやすい環境である。」「子どもが身近な環境にあるものを小学校の学習内容と関係づける。」「子どもが学習習慣を身につける。」「近隣の公共施設（公園や図書館など）を学習に活用している。」の5つでした。こうした5つの変数の背後にある因子として抽出されたのが「学習支援」です。

③重回帰分析との組み合わせ

重回帰分析は、独立変数が2つ以上のときに使う分析方法でした。2つ以上ですから、投入する独立変数の上限があるわけではありません。ですが、独立変数があまりに多いと、分析が煩雑になり、分析結果の読み解きにも好ましくない影響があります。

そこで、因子分析の出番です。因子分析をすると、多くの変数を整理することができます。なぜなら、因子分析は測定できる変数の背後にある因子を抽出するのですから、ある意味では多くの変数を圧縮したり、その共通項を抽出したりしているともいえるからです。そのため、独立変数があまりに多い場合は、まず因子分析を行ってから、重回帰分析や多重ロジスティック回帰分析を行うことが多いのです。

先ほどの事例で紹介した筆者の研究論文でも、因子分析で抽出した「学習支援」を含む5つの因子を使って重回帰分析をしています（正確に言うと、共分散構造分析をしています）。

参考文献

浅井拓久也（2022）「放課後児童クラブの利用者満足度は何によって決まるのか」『マツダ財団助成研究報告書 34』pp.24-32

第４部

言葉を数字で分析する方法を学ぼう

第11章
2月！ 生活発表会――保護者の言葉の分析から本音がわかる!?

本章では、言葉を量的に分析する方法を学びます。質問紙調査では自由記述の欄があることがあります。自由記述ですから、多くの、そしてさまざまな言葉が書かれます。こうした言葉を量的に分析することで、新しい発見を得ることができます。

(1) テキスト分析とは

言葉の分析方法

①選択式の質問項目と記述式の質問項目の長所と短所

質問紙調査の項目は大きく２つに分けることができます。１つは、「総合的な満足度を次の5つから選んでください。」のような選択式の質問項目です。もう1つは、「特によかったと思うことを自由に書いてください。」のような記述式の質問項目です。それぞれに一長一短があります。

まず、選択式の質問項目の長所は回答を集計しやすく、分析しやすいということです。「総合的な満足度を次の5つから選んでください。」の場合、「とても満足であった」が何件、「まったく満足できなかった」が何件のように数字でわかるので集計しやすく、分析しやすくなります。数字で示すことができるので、客観性を高めることができます（13〜16ページ）。

一方で短所は、質問項目を作ることは容易ではないということです。質問文の表現や選択肢の作り方によっては回答者を誤解させてしまい、適切な回答を得ることができないこともあります。

次に、記述式の質問項目の長所は質問文の表現や選択肢を作る難しさがないということです。「特によかったと思うことを自由に書いてください。」の場合、回答者自身の判断で自由に回答を書きますから、質問文の表現や選択肢の作り方に頭を悩ませる必要はありません。記述式の質問項目では事前に提示された選択肢を見て選ぶわけではないので、回答者自身が意識（自覚）していることだけ書かれますので、回答者の本音を知ることができます。

一方で短所は、集計や分析が難しいということです。回答者は自分の言葉で回答を書くので、回答には多種多様な言葉が出現することになります。そのため、言葉の統一や分類をしたり、その集計や分析をしたりすることは難しくなります。分析結果の客観性を保証することも難しくなります。

このように、選択式の質問項目と記述式の質問項目には一長一短があります。

②計量テキスト分析の特徴

本章では、記述式の質問項目の短所を克服するような分析方法を紹介します。それが、計量テキスト分析です。計量テキスト分析とは、記述式の質問項目の回答として得た言葉を量的に分析する方法です。ここでは、「KH Coder」という計量テキスト分析によく使われる分析ソフトを活用した分析方法を説明します。

KH Coderの開発者である樋口耕一氏によると、KH Coderを活用した計量テキスト分析のメリットは、データをより正確に把握したり理解したりすることができることです（樋口2020）。具体的なメリットは次の３つです。

第一に、回答に出現する頻出語を見ることでデータの全体像（特徴や傾向）を把握することができることです。膨大な回答を手作業で集計することは容易ではありませんが、KH Coderを使うことで頻出語を簡単に抽出・整理することができます。

第二に、特定の変数に特徴的な言葉を見ることで、その変数の特徴をより理解できることです。たとえば、回答者を若手保育者と年配保育者に分けて（2つの外部変数を設定して）、若手保育者の回答にしか出現しない言葉や、年配保育者の回答にも共通して出現する言葉を見ることで、若手保育者ならではの特徴を理解したり、保育者に共通する特徴を理解したりすることができます。

第三に、分析結果を客観的に説明できるので、分析結果に対する信頼性を高めることができることです。分析結果を提示する際に、回答に出現する言葉を頻出語一覧として提示することで、特定の言葉だけ恣意的に選んでいるのではないことがわかります。同じように、ある変数に特徴的な言葉も量的な分析を経て抽出することで客観性を保証することができます。

このように、計量テキスト分析を使うことで、データをより深く理解でき、分析結果をより客観的に示すことができるのです。

計量テキスト分析の結果の読み解き方

KH Coderを活用した計量テキスト分析によって、さまざまな分析結果を得ることができます。ここでは、頻出語、共起ネットワーク、特徴語の読み解き方を説明します。

①頻出語

頻出語とは、データのなかに出現した語を出現回数順に並べたものです。

図表11-1は、KH Coderの使い方を説明した樋口氏の著書からの引用です。夏目漱石の『こころ』を題材に、頻出語（上位60語）を抽出した結果を

示しています。

●図表 11-1　『こころ』の頻出語（上位 60 語）

抽出語	出現数	抽出語	出現数	抽出語	出現数
先生	595	知る	118	解る	71
K	411	二人	115	手	71
奥さん	388	心	106	事	70
思う	296	妻	104	室	70
父	269	行く	102	叔父	70
自分	264	立つ	97	人間	70
見る	225	口	93	宅	70
聞く	219	答える	92	家	68
出る	185	好い	91	意味	67
人	182	死ぬ	89	男	66
母	170	見える	87	気	65
お嬢さん	168	少し	81	悪い	62
前	164	知れる	79	兄	62
帰る	155	話	78	出す	62
今	139	女	77	病気	62
顔	135	書く	75	様子	61
来る	131	手紙	74	声	60
考える	130	東京	74	外	59
言葉	126	一人	73	卒業	58
眼	123	頭	73	話す	58

出所：樋口耕一（2020）『社会調査のための計量テキスト分析：内容分析の継承と発展を目指して【第 2 版】KH Coder オフィシャルブック』ナカニシヤ出版、p .36

図表 11-1 を見ると、「先生」（595 回）、「K」（411 回）、「奥さん」（388 回）、「父」（269 回）というように、小説の主要な登場人物をあらわす言葉が多く出現していることがわかります。また、一般的な動詞である「思う」（296 回）や「考

える」(130回）も多く出現しています。

このように、頻出語を確認することでデータの全体像を把握することができます。また、多く出現している言葉について、なぜこの言葉が多く出現しているのだろうと考えることで、データのより深い理解につながります。

なお、図表11-1では上位60語が掲載されていますが、KH Coderを使うと上位150語を抽出することができます。

②共起ネットワーク

共起ネットワークとは、一緒に使われている語同士を線で結んだネットワークです。「一緒に使われる」を「共起する」という言い方をするので、「共起ネットワーク」といいます。

図表11-2も、樋口氏の著書からの引用です。夏目漱石の『こころ』を題材に、共起ネットワークを抽出した結果を示しています。

◉図表11-2　『こころ』の共起ネットワーク

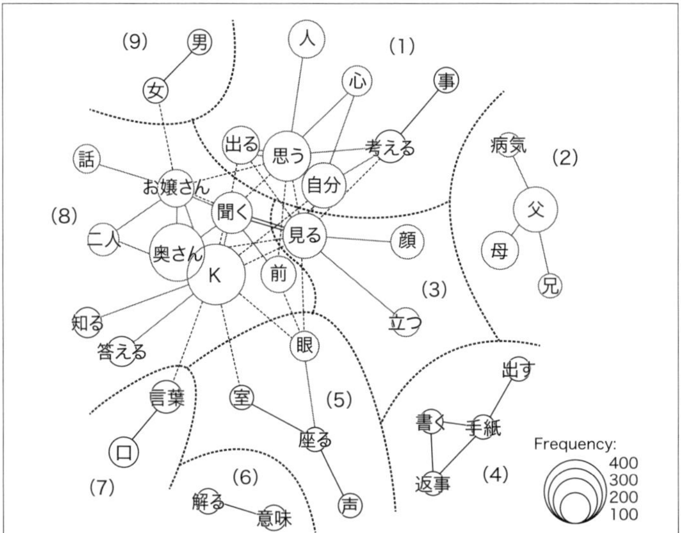

出所：樋口耕一（2020）『社会調査のための計量テキスト分析：内容分析の継承と発展を目指して【第２版】KH Coder オフィシャルブック』ナカニシヤ出版、p .38

図表 11-2 を見ると、たとえば、「お嬢さん」は「奥さん」と「K」が線でつながっており、これらの人物が一緒に登場している（共起している）ことがわかります。また、「父」は「母」「兄」「病気」と線でつながっており、父の病気に母と兄が関係していることがわかります。

共起ネットワークでは、線のつながりを見ることでどの語が一緒に使われているかがわかりますが、円の大きさを見ることでその語はどの程度出現しているかもわかります。「奥さん」「K」「父」は大きな円になっていますから、出現回数も多いことがわかります。実際、図表 11-1 を見ると「奥さん」「K」「父」の出現回数は多いことがわかります。

このように、共起ネットワークを確認することで、同じ話題の中で一緒に使われがちな語はどれかを知ることができます。

③特徴語

特徴語とは、ある変数に特徴的な言葉を抽出したものです。

図表 11-3 も、樋口氏の著書からの引用です。夏目漱石の『こころ』は「上　先生と私」、「中　両親と私」、「下　先生と遺書」の 3 部構成になっています。図表 11-3 は、それぞれの部の特徴語を抽出した結果を示しています。

●図表 11-3　上中下の特徴語

上 _ 先生と私		中 _ 両親と私		下 __ 先生と遺書	
先生	.261	父	.195	K	.162
奥さん	.092	母	.119	奥さん	.074
人	0.33	兄	.064	お嬢さん	.068
帰る	.031	手紙	.044	思う	.066
見える	.019	聞く	.042	自分	.062
解る	.018	来る	.040	見る	.050
少し	.018	卒業	.035	妻	.036
人間	.017	出る	.035	出る	.035
死ぬ	.017	書く	.031	前	.031
持つ	.015	東京	.031	今	.030

数値は Jaccard の類似性測度

出所：樋口耕一（2020）『社会調査のための計量テキスト分析：内容分析の継承と発展を目指して【第 2 版】KH Coder オフィシャルブック』ナカニシヤ出版、p .40

図表11-3を見ると、それぞれの部に特徴的な語がわかります。上では「先生」や「奥さん」、中では「父」「母」「兄」、下では「K」「奥さん」「お嬢さん」といった登場人物が特徴語として抽出されています。

もう一つ事例を見てみましょう。図表11-4は筆者の研究論文からの引用です。この研究では、保育者養成校の学生を調査対象として、保育者としての想定就労年数と結婚に対する考え方（結婚して退職するのか、結婚しても復職するのか）の関係を明らかにしました。

●図表11-4　想定就労年数別の特徴語

1～2年		3～5年		6～9年		10年以上	
主婦	.277	保育	.247	子ども	.149	やりがい	.299
結婚	.258	子ども	.217	環境	.148	キャリア	.215
出産	.140	自分	.171	経験	.132	資格	.125
子育て	.130	知識	.092	ベテラン	.097	実習	.113
家庭	.095	結婚	.076	幼稚園	.097	産休	.087
職場	.095	保育園	.076	保育園	.088	保育	.086
休み	.063	経験	.074	結婚	.083	復帰	.082
お金	.063	家庭	.063	感動	.074	育休	.058
家事	.063	職場	.062	気持ち	.074	夢	.058
パート	.059	子育て	.060	職場	.071	勉強	.044

出所：浅井拓久也（2021）「保育者養成校学生のキャリア形成に関する予備的な研究：結婚と復職に対する考え方に着目して」『保育と保健 27（2）』日本保育保健協議会、pp.37-40

図表11-4を見ると、「1～2年」では主婦になることや子育てに専念することを示す言葉が特徴語として抽出されています。一方で、「10年以上」では保育者としてのキャリアの継続を示唆する言葉が特徴語として抽出されています。また、「10年以上」では、「1～2年」とは異なり、やりがいや憧れを表す言葉が特徴語として抽出されています。「3～5年」、「6～9年」では、「1～2年」と同様に「結婚」や「子育て」が出現していますが、「ベテラン」「経験」「知識」「感動」のような保育者としてのキャリアややりがいを示唆する言葉も出現しています。

樋口氏と筆者の事例からもわかるように、ある変数（各部や想定就労年数）

の特徴語を確認することで、データの全体像だけではなく、細部も理解できるようになります。

なお、語の右にある数字はJaccardの類似性測度の値です。0から1までの値をとり、1に近いほど関連性が強いことを意味します。

多変量解析との組み合わせ

計量テキスト分析と前章までで説明してきた多変量解析（重回帰分析や多重ロジスティック回帰分析）を組み合わせることもできます。具体的には、まず、計量テキスト分析で記述式の質問項目（自由記述）の言葉を分析し抽出します。次に、これらの言葉を独立変数（出現した場合は1、出現しない場合は0のようなダミー変数）として投入します。従属変数が量的変数であれば重回帰分析、質的変数であれば多重ロジスティック回帰分析を行います。このように、計量テキスト分析と多変量解析を組み合わせることで、どのような言葉の出現（有無）が従属変数として設定した結果に影響を及ぼすかを明らかにすることができます。

ここでは、計量テキスト分析と、重回帰分析または多重ロジスティック回

帰分析との組み合わせをそれぞれ一つずつ紹介します。

①重回帰分析との組み合わせ

計量テキスト分析を説明する書籍の中で、内田・川嶋・磯崎氏（2012）は、旅館の宿泊客を調査対象として、自由記述にどのような言葉が出現すると旅館に対する満足度につながるかを紹介しています（実際の調査結果ではなく、分析方法の事例として紹介されています）。

まず、内田・川嶋・磯崎氏は計量テキスト分析によって、宿泊客が書いた自由記述の回答から重要単語を抽出し、ダミー変数にしています。具体的には、「割引」「掃除」「美しい」「部屋」「良い」「食事」「広い」「メニュー」「冷たい」「景色」「少ない」の単語を抽出して、出現していれば1、出現していなければ0としています。これらのダミー変数を独立変数として使用しています。

次に、「当ホテルの満足度を次の７段階でお答えください。　1. 非常に不満　2. 不満　3. やや不満　4. 普通（どちらでもない）　5. やや満足　6. 満足　7. 非常に満足」という質問を集計し、その結果を従属変数として投入しています。なお、この質問項目は順序尺度ですが、間隔尺度として扱って重回帰分析を行っています。

重回帰分析の結果、p 値の結果を踏まえると、β 値がプラスであった独立変数は「景色 .230」「美しい .159」「広い .234」「良い .228」、β 値がマイナスあった独立変数は「冷たい -.242」「食事 -.129」「メニュー -.176」、「少ない -.176」であることがわかりました。

②多重ロジスティック回帰分析との組み合わせ

次の図表 11-5 は、筆者の研究論文から引用したものです。この研究では、保育者養成校の学生が保育実習を通してどのような保育士像をもつと保育士になりやすいかを明らかにしました。

まず、計量テキスト分析で抽出した５つの保育士像を独立変数（ダミー変数）としています。図表 11-5 では、「子ども一人ひとりに応じた援助ができる」は「援助」、「安全で安心な環境を作ることができる」は「環境」、「子どもや

◉図表 11-5　選択可能性を規定する要因

選択可能性		B	標準誤差	Wald	*p* 値	オッズ比	95% 信頼区間	
							下限	上限
選択する	援助	0.503	0.181	7.713	.005 **	1.653	1.159	2.357
	環境	0.835	0.144	33.533	.000 ***	2.304	1.737	3.057
	信頼	-0.316	0.222	2.019	.155	0.729	0.472	1.127
	成長	0.822	0.144	32.399	.000 ***	2.275	1.714	3.020
	責任	-0.420	0.155	7.340	.007 **	0.657	0.485	0.890
選択するかもしれない	援助	0.399	0.185	4.659	.031 *	1.490	1.037	2.140
	環境	0.043	0.168	0.064	.801	1.043	0.750	1.452
	信頼	0.303	0.190	2.538	.111	1.354	0.933	1.966
	成長	-0.000	0.170	0.000	1.000	1.000	0.716	1.396
	責任	-0.611	0.165	13.788	.000 ***	0.543	0.393	0.749

参照カテゴリ：選択しない

***$p < .001$, **$p < .01$, *$p < .05$

出所：浅井拓久也（2019）「保育士像と保育士としての職業選択の関係：保育実習Ⅰを通して形成される学生の保育士像に着目して」『秋草学園短期大学紀要 36 号』pp.38-50

保護者から信頼を得ることができる」は「信頼」、「子どもの成長や発達を支え促すことができる」は「成長」、「責任の重い仕事ができる」は「責任」と略記してあります。

次に、保育士という職業の選択可能性（選択する、選択しない、選択するかもしれない）を従属変数としています。

多重ロジスティック回帰分析の結果は次の通りです。

まず、「選択しない」と「選択する」を比較すると、「子ども一人ひとりに応じた援助ができる」（オッズ比は 1.653 倍）、「安全で安心な環境を作ることができる」（オッズ比は 2.304 倍）、「子どもの成長や発達を支え促すことができる」（オッズ比は 2.275 倍）という保育士像をもつと、保育士という職業選択につながる可能性を高めることがわかります。一方、「責任の重い仕事ができる」（オッズ比は .657 倍）という保育士像をもつと、保育士という職業選択を回避させるものであることもわかります。

次に、「選択しない」と「選択するかもしれない」を比較すると、「子ども一人ひとりに応じた援助ができる」（オッズ比は 1.490 倍）という保育士像をもつと、保育士という職業選択につながる可能性がありますが、「責任の重い仕事ができる」（オッズ比は.543倍）という保育士像をもつと、職業選択を回避させてしまうことがわかります。

③計量テキスト分析と多変量解析の組み合わせのよさ

２つの事例では、記述式の質問項目ではなく選択式の質問項目を使って分析することも可能です。１つめの事例では、たとえば、選択式の質問項目として「宿泊された部屋の満足度を次の７段階でお答えください。」や「夕食の満足度を次の７段階でお答えください。」を設定して、「1. 非常に不満　2. 不満　3. やや不満　4. 普通（どちらでもない）　5. やや満足　6. 満足　7. 非常に満足」から回答を選択できるようにするのです。

では、なぜあえて記述式の質問項目を使うのでしょうか。選択式の質問項目では質問したい（すべき）ことをすべて網羅するのは難しく、できたとしても質問項目が多くなり、回答者の負担が増えてしまい、回収率が低下するおそれがあります。もちろん、記述式の質問項目でも、単に選択肢を選ぶだけというのではなく、自分で回答を書かなければならないので、回答者の負担は大きくなります。

ですが、だからこそ、記述式の質問項目では、回答者が書きたいことを優先的に書くようになります。なぜなら、回答の負担を減らすために、回答者は書きたいことのなかから意識的、あるいは無意識的に書きたいことを選択し、優先順位をつけて書くからです。そのため、記述式の質問項目のデータを使うことで選択式の質問項目では得られなかった回答者の本音を踏まえた分析が可能になるのです。

分析結果を読み解く際の留意点

計量テキスト分析の分析結果を読み解く際には、３つのことに留意しましょう。

まず、これは読み解く前、つまり分析の準備段階に関することでもありますが、同じ意味の言葉は統一しておくことです。たとえば、「子ども」「子供」「こども」は同じ意味ですから、いずれか１つの語に統一しておきましょう。もちろん、同じ意味であっても回答者の使う表現の多様性を知りたいのならこの限りではありません。

次に、頻出語、共起ネットワーク、特徴語の3つの結果を総合的に見るようにしましょう。どれか1つの結果だけを見て、その結果を解決すると誤解や勘違いをする可能性があります。そのため、3つすべての分析結果を総合的に見て、分析結果を解釈するようにしましょう。なお、KH Coderを使えば、対応分析や階層的クラスター分析のように、これら3つ以外にも分析結果を抽出することができますので、こうした結果も参考にするとよいでしょう（対応分析については後述します）。

最後に、分析結果だけではなく実際の回答を見るようにしましょう。KH Coderでは、分析結果として表示されている語から実際の回答を容易に確認することができます。先ほど説明した3つの分析結果を総合的に見ることに加えて、実際の回答を見ることで、分析結果をより正確に解釈（理解）することができます。

(2) 事例：生活発表会の感想は？

調査概要と分析結果

こころ保育園では、2月に発表会がありました。今年は、ぱんだ組（3歳）が劇あそび「グリーンマントのピーマンマン」、きりん組（4歳）が劇あそび「ブレーメンの音楽隊」と合唱「にじのむこう」、ぞう組（5歳）が劇あそび「泣いた赤鬼」とハンドベルを発表しました。そこで、今回の発表会に対する保護者の感想を調査することにしました。

今回の調査では、KH Coderを使った計量テキスト分析を行うことにしました。発表会に参加した保護者178名を調査対象とし、「発表会の感想を自由にお書きください。」という記述式の質問項目に回答を求めることにしました。記述式の質問項目は保護者の本音が出現しやすいため、計量テキスト分析によって得られた分析結果を理解することで、次年度の発表会の改善点を見つけることができます。

次の図表11-6から図表11-8は、計量テキスト分析の結果です。図表11-6は頻出語（上位40語）、図表11-7は共起ネットワーク、図表11-8は特徴語です。なお、今回の分析では、名詞に限定して抽出してあります。

①頻出語

まず、図表 11-6 を確認してみましょう。頻出語を見ると、データの全体像を把握できます。

図表 11-6 を見ると、「感動」（33 回）や「（子どもの）姿」（28 回）の出現回数が多く、発表会での子どもの姿に保護者が感動したことがわかります。「感動」や「姿」だけではなく、「成長」（14 件）や「努力」（9 回）、「思い出」（4 回）、「晴れ姿」（3 回）、「雄姿」（1 回）もあり、発表会を通して保護者は子どもの成長やがんばりを感じることができたようです。

②共起ネットワーク

次は図表 11-7 の共起ネットワークを確認してみましょう。図表 11-6 の頻出語一覧とあわせて見ると、より理解が深まります。

図表 11-7 を見ると、「先生」と「感謝」が一緒に使われていることがわかります。また、それぞれの円は大きく、出現回数も多いことがわかります。図表 11-6 を見ると、「先生」は 15 回、「感謝」は 9 回の出現となっています。保護者の多くは劇あそびの練習をがんばった子どもだけではなく、その指導をした保育士にも感謝しているようです。

また、「連絡」「日程」「調整」「仕事」「改善」が一緒に使われています。今回の発表会では、コロナ感染症対策のために保護者の参加を認めるか否かの判断を園は慎重に行いました。そのため、保護者への決定通知が遅れてしまいました。そのため、仕事との日程調整が大変だったという意見につながったようです。

さらに、「対策」「安心」「感染」が一緒に使われており、それぞれの円も大きいことがわかります。図表 11-6 を見ると、「対策」は 16 回、「安心」は 12 回、「感染」は 12 回の出現となっています。こうした結果から発表会でのコロナ感染症対策に保護者が安心したことがわかります。すでに説明したように、記述式の質問項目では、自分が考えていることを自由に書くことができます。記述式の質問項目にコロナ感染症対策に関する記述をわざわざ書

◉図表 11-6　頻出語（上位 40 語）

抽出語	出現回数	抽出語	出現回数	抽出語	出現回数
感動	33	撮影	5	弾み	3
姿	28	親	5	内容	3
対策	16	日程	5	疲れ	3
子ども	15	年長	5	父親	3
先生	15	コロナ	4	目	3
成長	14	応援	4	様子	3
安心	12	合唱	4	ブレーメン	2
会	12	思い出	4	ポジション	2
感染	12	自宅	4	音楽	2
緊張	12	自分	4	感じ	2
小学生	11	心	4	生活	2
コロナ	10	調整	4	達成	2
開催	10	お世話	3	会場	1
感謝	9	セリフ	3	久しぶり	1
劇	9	位置	3	兄ちゃん	1
最後	9	育ち	3	指導	1
努力	9	園	3	主役	1
練習	9	改善	3	選択	1
園	8	活躍	3	祖父母	1
友達	8	姉妹	3	動画	1
家	6	心配	3	拍手	1
仕事	6	晴れ姿	3	雄姿	1
発表	6	送迎	3		
連絡	6	大人	3		

くということは、一部の保護者は発表会でのコロナ感染症対策をとても気にしていたことがわかります。

●図表 11-7　共起ネットワーク

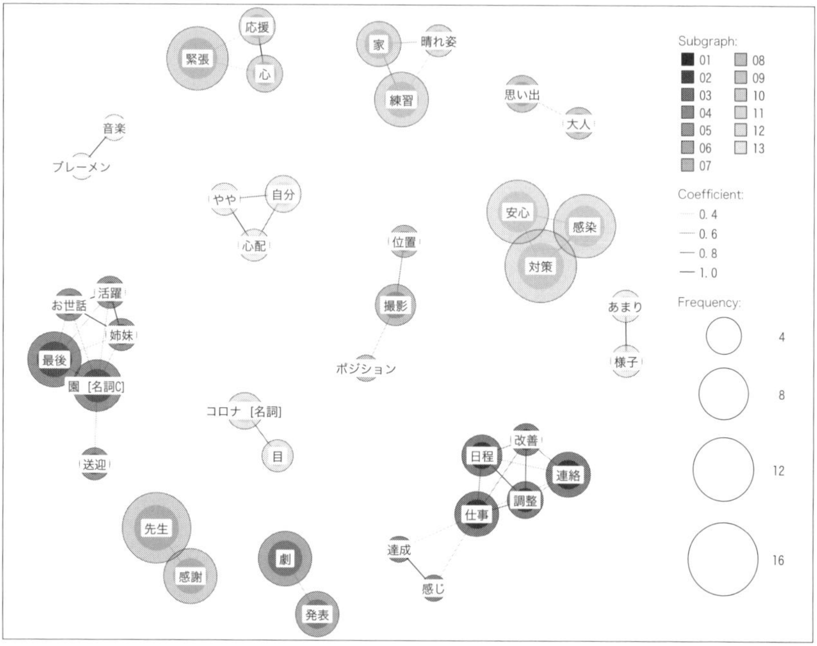

③特徴語

次は、図表11-8の各クラス別の特徴語を確認してみましょう。特徴語を見ると、データの細部を理解できます。なお、表中の「ぱんだ」は3歳、「きりん」は4歳、「ぞう」は5歳のクラスです。

●図表11-8　クラス別の特徴語

ぱんだ		きりん		ぞう	
姿	.115	緊張	.255	感動	.126
先生	.074	感動	.159	小学生	.120
家	.068	会	.135	最後	.098
連絡	.068	子ども	.107	努力	.098
練習	.066	対策	.105	成長	.093
開催	.065	安心	.093	対策	.069
子ども	.062	姿	.087	感謝	.063
劇	.043	応援	.085	感染	.061
コロナ	.043	合唱	.085	年長	.054
位置	.034	心	.085	園	.053

図表11-8を見ると、さまざまなことがわかります。たとえば、ぞう組では「小学生」という語が特徴的です。「年長」や「最後」という語もあり、保護者は子どもが小学生になる姿を想像しながら発表会を見ていたことがわかります。実際の回答（一部）を見ると、「間もなく小学生になるので、成長した姿だったし安心でした。」と書かれてしました。

また、きりん組にもぞう組にも「感動」という語はありますが、きりん組では「緊張」、ぞう組では「努力」や「成長」という語が特徴的になっています。同じ感動であっても、きりん組の保護者は子どもが緊張しながらがんばった姿に感動し、ぞう組の保護者は子どもの努力や成長に感動したことがわかります。実際の回答（一部）を見ると、きりん組のある保護者は「緊張しながらもがんばっていた姿に感動した。」、ぞう組のある保護者は「成長を感じる時間でした。」と書いていました。

さらに、ぱんだ組では「位置」という語が特徴語になっています。図表11-7も見てみると、「位置」は「撮影」や「ポジション」と一緒に使われており、子どもの姿を撮影する話であることがわかります。実際の回答（一部）を見ると、「見る位置によっては撮影しにくかったです。でも、コロナのなか実際にこの目で見ることができてよかったです。」と書かれていました。

対応分析

今回の調査では、発表会に対する保護者の満足度も調査しました。すでに説明したように、計量テキスト分析と多変量解析を組み合わせることで、保護者がどのような言葉を書くと満足度が高くなるのかを明らかにすることができます。ここでは、対応分析という分析方法を使って、保護者の感想と満足度の関係を明らかにした結果を見てみましょう。もちろん、対応分析はKH Coderで分析可能です。

図表11-9は対応分析の結果です。

図表11-9を読み解く際は、次の２つに留意します。

まず、図表内の２から５は、保護者の満足度を表しています。保護者の満足度は「1. まったく満足していない　2. あまり満足していない　3. どちらでもない　4. まあ満足している　5. とても満足している」の５件法で質問したため、その回答を意味します。なお、１という回答はなかったので、図表内にはありません。

次に、各数字（２から５）とその近くの語が一緒に出現した関係であるということです。一方で、原点付近の語はどの数字（２から５）ともあまり関係がないことを意味しています。

以上を踏まえて図表11-9を見ると、さまざまなことがわかります。

まず、満足度が最も高い「とても満足している」の回答（5）の付近には、「努力」「練習」「緊張」「応援」のように、子どものがんばりを評価する言葉が集まっています。子どものがんばりを実際に見ることが、保護者の満足度を高めることになったのでしょう。

また、「あまり満足していない」という回答（2）の近くには「調整」「改善」「仕事」という語があります。図表11-7で説明したように、保護者が発表会

●図表 11-9　保護者の満足度別の対応分析

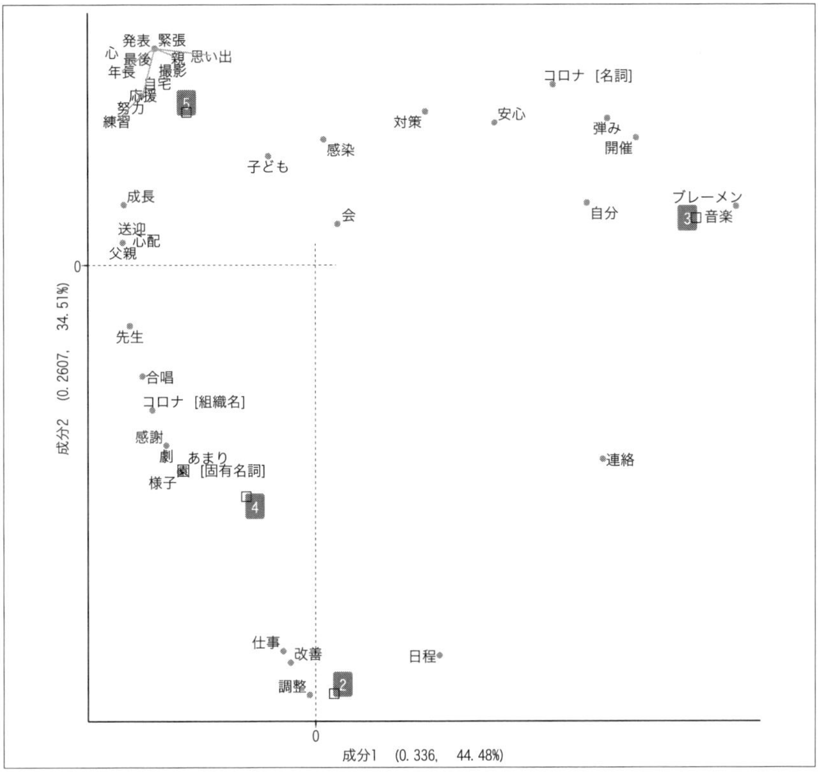

に参加できるか否かの園からの連絡が遅れたことで保護者は仕事との調整が大変になり、それゆえに低い満足度になったということがわかります。

このように、保護者の満足度を外部変数とした対応分析によって得られた散布図を見ると、保護者の満足度と感想の関係が視覚的にわかります。

もちろん、散布図だけを見て解釈すると間違った解釈をしてしまうことがあります。そのため、散布図だけではなく、頻出語、共起ネットワーク、特徴語もあわせて確認しましょう。そうすることで、分析結果をより正確に読み解くことができます。

参考までに、図表 11-10 として保護者の満足度別の特徴語を見てみましょう。

●図表 11-10　保護者の満足度別の特徴語

2		3		4		5	
調整	.333	開催	.174	会	.105	感動	.142
日程	.286	ブレーメン	.118	成長	.100	姿	.121
仕事	.250	音楽	.118	子ども	.098	緊張	.068
改善	.167	連絡	.095	感染	.077	先生	.062
連絡	.111	安心	.074	姿	.074	最後	.051
感謝	.083	対策	.065	対策	.070	小学生	.051
劇	.083	感動	.064	園	.065	努力	.045
コロナ	.077	会場	.059	様子	.065	練習	.045
先生	.059	久しぶり	.059	合唱	.063	コロナ	.045
		選択	.059	安心	.050	園	.040

散布図からわかったことと、特徴語からわかったことをあわせて考えると（整合性があるように理解すると）、発表会に対してどのような感想をもった保護者がどのくらい満足したのかの関係をより理解することができます。

参考文献

・樋口耕一（2020）『社会調査のための計量テキスト分析：内容分析の継承と発展を目指して【第２版】 KH　Coder　オフィシャルブック』ナカニシヤ出版
・内田治・川嶋敦子・磯崎幸子（2012）『SPSS によるテキストマイニング入門』オーム社

第12章
3月！ 卒園式――ここまで学んできた方法を使って保育を改善する

本章では、ここまで学んできた分析方法を簡単にまとめます。必要なときに、必要な方法を適切に使えるようになることで、統計学に基づく分析方法を用いた問題解決の力を高めることになります。

（1）分析方法の整理

分析方法を選択する際に留意すること

ここでは、本書で説明してきた分析方法を選択する際に留意することをまとめてみましょう。

①ノンパラメトリック検定

第２部では、Wilcoxon（ウィルコクソン）の符号付順位検定とMann-Whitney（マン・ホイットニー）のＵ検定を説明しました。これらは、ノンパラメトリック検定といわれるものです。「ノンパラメトリック検定」とは、パラメトリック検定とは異なり、正規分布等の特定の分布を前提としない分析方法です。その代表的な分析方法が、Wilcoxonの符号付順位検定とMann-WhitneyのＵ検定です。

この２つの分析方法は、データに対応があるかないか（データが独立しているかいないか）で使い分けされます。第６章では、保育士が研修を受講する前後比較をしました。同一保育士を調査対象とした研修受講前後の比較ですから、データに対応があります。だから、Wilcoxonの符号付順位検定が使われています。一方で、第７章では、運動会に対する保育士と保護者の評価の比較をしました。同一の質問項目を使って、保育士と保護者が回答をして、その回答を比較するのですから、データに対応はありません。だから、Mann-WhitneyのＵ検定が使われています。

このように、データに対応があるかないかが、Wilcoxonの符号付順位検定かMann-WhitneyのＵ検定かを分けるのです。なお、パラメトリック検定では、データに対応がある場合は対応のあるｔ検定、データに対応がない場合は２標本ｔ検定等を使います。

②多変量解析

第３部では、回帰分析とロジスティック回帰分析を説明しました。これらは、多くの変数を使った分析をするので、「多変量解析」ともいわれます。回帰分析では独立変数が２つ以上であれば「重回帰分析」、ロジスティック回帰分析では従属変数の選択肢が３つ以上であれば「多重ロジスティック回帰分析」といわれます。

この２つの分析方法は、従属変数が量的変数か質的変数かで使い分けされます。従属変数が量的変数であれば回帰分析、質的変数であればロジスティック回帰分析となります。独立変数は、いずれの方法でも、量的変数やダミー変数が使われます。なお、ここで説明したことは原則です。従属変数が5件法の順序尺度である場合は量的変数とみなして重回帰分析することもあります。とはいえ、まずはここで説明した原則を理解しておくことが大事です。

ノンパラメトリック検定や多変量解析の説明からもわかるように、統計的な分析をする際は、分析結果を適切に読み解くことも大事ですが、そもそもどのような分析方法を使うのか、使えるのかをきちんと考えることが同じくらい大事なことです。

(2) 事例：もう一度、データを集める、分析することの大切さ

データ収集・分析の継続

こころ保育園では、3月の卒業式の準備をしています。さて、ここで読者のみなさまに質問です。園に対する保護者の満足度を調査するとしたら、どのような質問項目を作り、どのような分析をするでしょうか。また、なぜその方法を選択するのでしょうか。こうした質問に回答できるのなら、本書の役割は果たせたことになります。

たとえば、園に対する総合的な満足度を従属変数として、子どもの育ちの視点から設定した質問項目や保護者の子育て支援の視点から設定した質問項目を独立変数として重回帰分析をしてもよいでしょう。重回帰分析の結果から、保護者の満足度に影響を及ぼしている要因がわかりますから、何を改善すればよいかを考えやすくなります。

あるいは、同一の質問項目に対する保育士と保護者の回答を比較するためにMann-WhitneyのU検定を行ってもよいでしょう。保育士と保護者の回答に統計的に有意な差があれば、保育士が見落としていたことに気がつくかもしれません。重回帰分析であれMann-WhitneyのU検定であれ、これらの分析結果は、保育の質向上や保護者の子育ても含めた園改革のヒントになります。

大事なことは、「何となく」や「だぶん」で物事を考えたり決めたりしな

いことです。しっかりとデータを集め、分析する。その結果を踏まえて、考えて決めるのです。こうすることで、より効率的に、より確実に園運営や保育を良くしていくことができます。また、他者を説得し動かすためにも、こうした分析結果が役立ちます。

データの収集と分析を園文化にしましょう。全職員が、保育の質向上や園運営の効率化のために、どのようなデータをどのように集め、どのように分析すればよいかを考え続けましょう。そのための仕組みを園で作りましょう。それが、園をより良くしていく最も確実な方法なのですから。

やりっぱなしにするのではなく、定期的な効果測定をする

①「足し算」の発想から「引き算」の発想へ

保育所や幼稚園では、やることがどんどん増えていく傾向があります。やらないよりやった方がよいという理由だけで導入され、導入後しばらくすると導入時の理由はすっかり忘れ去られてしまい、業務（作業）だけが残っていることはありませんか。

このような、あれもこれもという「足し算」の発想で保育や園運営を進め

ると、どこかで破綻します。なぜなら、「足し算」の発想は足すことばかり考えてしまい、足した結果である総和を忘れてしまいがちだからです。ふと気がついたときには、とても多くの業務を抱えていることになります。こうして多くの保育士が無駄（とまではいいませんが）な業務負担によって心身を壊し、退職していくのです。退職者が多い園は、保育の質も園経営も安定せず、園もまた衰退していくのです。

では、どうすればよいかというと、「引き算」の発想をするのです。「引き算」の発想とは、何をするかではなく、何をやめるか（やらないか）を考えたり、何かを新しく始めるのなら、何かをやめたり、減らしたり、統合したりすることを考えたりすることです。

このとき役立つのが、統計学に基づく分析方法を使った効果測定です。何か始めたらやりっぱなしにするのではなく、定期的に効果測定することです。そうすることで、これは役立っていない、効果的ではないということはすぐにわかりますから、「引き算」の発想につながりやすくなります。

②効果測定の事例

本章の最後に、効果測定に関する事例を紹介しましょう。最近、多くの園でドキュメンテーションが導入されています。筆者も『活動の見える化で保育力アップ！ドキュメンテーションの作り方＆活用術』（明治図書出版、2019年）という本を作りました。ドキュメンテーションは保護者や保育士にとって魅力的ではあるものの、その作成には時間や手間がかかります。保育士の業務負担は増えるのです。

そこで、ドキュメンテーションを取り入れているある園で、ドキュメンテーションは本当に効果があるのか、何に役立っているのかを調査することにしました。保護者と保育士に同一の質問をし、得られた回答をMann-WhitneyのU検定で分析しました。次の図表12-1-1は質問項目、図表12-1-2は分析結果です。

図表12-1-2を見ると、様々なことがわかります。たとえば、ドキュメンテーションを読むことで、保護者は保育士が考えているよりも子育ての相談がしやすくなると考えていることがわかります。一方で、ドキュメンテーション

●図表 12-1-1　質問項目

質問項目	選択する回答（17-18 は自由記述式）
1　ドキュメンテーションの写真の量	①少ない　②やや少ない　③ちょうどよい　④やや多い　⑤多い
2　ドキュメンテーションの文字の量	①少ない　②やや少ない　③ちょうどよい　④やや多い　⑤多い
3　ドキュメンテーションの大きさ	①小さい　②やや小さい　③ちょうどよい　④やや大きい　⑤大きい
4　ドキュメンテーションの更新頻度	①少ない　②やや少ない　③ちょうどよい　④やや多い　⑤多い
5　ドキュメンテーションの掲示場所	①見にくい　②やや見にくい　③ちょうどよい　④やや見やすい　⑤とても見やすい
6　ドキュメンテーションを読むことで保育の内容が	①わからない　②ややわからない　③どちらでもない　④ややわかる　⑤わかる
7　ドキュメンテーションを読むことで園の保育者の保育方針が	①わからない　②ややわからない　③どちらでもない　④ややわかる　⑤わかる
8　ドキュメンテーションを読むことで園や保育者に信頼が	①なくなる　②ややなくなる　③どちらでもない　④やや増す　⑤増す
9　ドキュメンテーションを読むことで子どもの成長が	①わからない　②ややわからない　③どちらでもない　④ややわかる　⑤わかる
10　ドキュメンテーションを読むことで子どもの興味や関心が	①わからない　②ややわからない　③どちらでもない　④ややわかる　⑤わかる
11　ドキュメンテーションを読むことで子育てが	①不安に感じる　②やや不安に感じる　③どちらでもない　④やや楽しいと感じる　⑤楽しいと感じる
12　ドキュメンテーションを読むことで子育てに対する不安が	①高まる　②やや高まる　③どちらでもない　④やや和らぐ　⑤和らぐ
13　ドキュメンテーションを読むことで子育ての参考に	①ならない　②ややならない　③どちらでもない　④ややなる　⑤なる
14　ドキュメンテーションを読むことで子育ての相談が	①しにくくなる　②ややしにくくなる　③どちらでもない　④ややしやすくなる　⑤しやすくなる
15　ドキュメンテーションを読むことで他の保護者との交流が	①しにくくなる　②ややしにくくなる　③どちらでもない　④ややしやすくなる　⑤しやすくなる
16　ドキュメンテーシでは子どもの情報の扱いが	①配慮に欠ける　②やや配慮に欠ける　③どちらでもない　④やや配慮されている　⑤配慮されている
17　ドキュメンテーションを読んでよかったと思うことは	＿＿＿＿＿＿＿＿＿＿＿＿＿＿＿＿＿＿＿＿＿＿＿＿＿＿＿＿＿である。
18　ドキュメンテーションの改善してほしいところや不満は	＿＿＿＿＿＿＿＿＿＿＿＿＿＿＿＿＿＿＿＿＿＿＿＿＿＿＿＿＿である。

●図表12-1-2　　Mann-WhitneyのU検定結果

質問項目	平均ランク		U値	有意確率
	保育者	保護者		
1　ドキュメンテーションの写真の量	47.39	39.39	566.000	.072
2　ドキュメンテーションの文字の量	47.33	39.96	567.500	.076
3　ドキュメンテーションの大きさ	41.28	40.89	660.500	.915
4　ドキュメンテーションの更新頻度	41.54	41.48	677.500	.988
5　ドキュメンテーションの掲示場所	39.41	39.54	614.000	.981
6　ドキュメンテーションを読むことで保育の内容が	38.87	41.16	618.000	.647
7　ドキュメンテーションを読むことで園の保育者の保育方針が	38.72	41.22	614.500	.628
8　ドキュメンテーションを読むことで園や保育者に信頼が	33.37	43.38	491.500	.046 *
9　ドキュメンテーションを読むことで子どもの成長が	42.74	39.60	604.000	.510
10　ドキュメンテーションを読むことで子どもの興味や関心が	45.13	38.63	549.000	.166
11　ドキュメンテーションを読むことで子育てが	38.43	41.33	608.000	.589
12　ドキュメンテーションを読むことで子育てに対する不安が	34.85	42.78	525.500	.140
13　ドキュメンテーションを読むことで子育ての参考に	37.87	41.56	595.000	.474
14　ドキュメンテーションを読むことで子育ての相談が	23.05	47.12	254.000	.000 ***
15　ドキュメンテーションを読むことで他の保護者との交流が	48.20	37.39	478.500	.044 *
16　ドキュメンテーシでは子どもの情報の扱いが	44.00	38.36	525.000	.275

*$p < .05$, **$p < .01$, ***$p < .001$
出所：前田和代・浅井拓久也（2022）「保育におけるドキュメンテーション活用に関する一考察（2）：ドキュメンテーションに関する保育者と保護者の評価の比較分析に基づいて」『東京家政大学研究紀要62（1）』pp.41-48

を読んでも、保育士が考えているほどには保護者はほかの保護者との交流がしやすくなるとは考えていないようです。こうした結果から、なぜそのような差が生じるのか、何か見落としていることはないかを考えていくことで、保育や園運営の改善のヒントを得ることができます。

先ほども説明したように、「ドキュメンテーションはやらないよりやったほうがよいだろう」という曖昧な理由だけで開始して、「たぶんドキュメンテーションは役立っているだろう」という何の根拠もないままやり続けるのは好ましくありません。やりっぱなしにするのではなく、一度立ち止まって、効果測定をしてみましょう。それが、「引き算」の発想へつながっていくのです。

参考文献

・浅井拓久也（2019）『活動の見える化で保育力アップ！ドキュメンテーションの作り方＆活用術』明治図書出版

INDEX

編著者紹介

編著者

浅井拓久也（あさい・たくや）――――――――――――――――◎第3部，第4部

現職　鎌倉女子大学児童学部准教授

経歴　東京大学大学院教育学研究科修了、修士（教育学）。秋草学園短期大学准教授を経て、現職。

主著　『マンガでわかる！保育所保育指針2017年告示対応版』（単著、中央法規出版、2018年）、『先輩保育者が教えてくれる！連絡帳の書き方のきほん』（単著、翔泳社、2019年）、『保育の現場ですぐに使える伝わる文章＆話し方のきほん』（単著、日本文芸社、2023年）他。

著　者

田中浩二（たなか・こうじ）――――――――――――――――◎第1部、第2部

現職　至誠館大学現代社会学部教授、社会福祉法人きずな のあ保育園園長

経歴　九州大学大学院医学系学府単位取得満期退学、博士（保健医療学）。東京成徳短期大学准教授を経て、現職。

主著　『保育現場のリスクマネジメント』（単著、中央法規出版、2017年）、『新・基本保育シリーズ15　乳児保育Ⅰ・Ⅱ』（共著、中央法規出版、2019年）、『子どもの運動・遊び―健康と安全を目指して―』（共著、アイ・ケイ・コーポレーション、2021年）他。

装幀：　aica
イラストレーター：　宮下やすこ
本文レイアウト・DTP制作：ゲイザー

写真提供：社会福祉法人吉敷愛児園 愛児園湯田保育所

保育者のための統計学入門

2023年3月31日　初版第1刷発行

編著者　**浅井 拓久也**

発行者　**服部 直人**

発行所　**㈱萌文書林**
〒113-0021　東京都文京区本駒込6-15-11
TEL 03-3943-0576　FAX 03-3943-0567
https://www.houbun.com
info@houbun.com

印刷・製本　シナノ印刷株式会社　<検印省略>

　ISBN 978-4-89347-397-4 C3037